WAS SIE SCHON IMMER ÜBER DIE GASTRONOMIE WISSEN WOLLTEN

INVICTICON

Printausgabe, erschienen 2011 / 2012 / 2021
3. Auflage

ISBN: 978-3-95949-506-6

Eutiner Straße 24,
18109 Rostock

www.main-verlag.de
www.facebook.com/MAIN.Verlag
order@main-verlag.de

Druck: Eisermann Media GmbH

Bibliografische Information der Deutschen Nationalbibliothek:
Die Deutsche Nationalbibliothek verzeichnet diese Publikation in der Deutschen Nationalbibliografie; detaillierte bibliografische Daten sind im Internet über http://dnb.d-nb.de abrufbar.

ASTRID KEIM

WAS SIE SCHON IMMER ÜBER DIE GASTRONOMIE WISSEN WOLLTEN

EIN BLICK HINTER DIE KULISSEN

DAS BUCH

Frisch gekocht oder doch nur aufgetaut? Soll ich mich in diesem Restaurant guten Gewissens an den Tisch setzen oder ist Vorsicht geboten? Wer suchte nicht schon einmal Antworten auf diese Fragen! Vielleicht spielen Sie auch mit dem Gedanken, sich ein Standbein in der Gastronomie zu schaffen. Am liebsten möchte man in solchen Momenten Mäuschen spielen, um nicht die Katze im Sack zu kaufen.

In drei Gängen nimmt Sie Astrid Keim mit und lässt Sie einen Blick hinter die Kulissen der Gastronomie werfen.

Mit einem guten Schuss Ironie angereichert, erwartet Sie hier ein kulinarisches Lesevergnügen.

Danach sind Sie in der Lage, fantasievolle Namen auf der Speisekarte zu entschlüsseln und haben einige Insider-Tipps für die gute Restaurant-Wahl an der Hand.

INHALT

DIESES BUCH IST ALLEN KÖCHEN GEWIDMET,
DIE NOCH KOCHEN
UND ALLEN GÄSTEN, DIE NOCH ESSEN KÖNNEN,
SOWIE ALLEN FETTAUGEN,
DIE AUF EINER CONSOMMÉ NICHTS ZU SUCHEN HABEN.

VORWORT | 1. AUFLAGE 2011

WER ESSEN UND TRINKEN LIEBT – LEBT SEIN LEBEN

Wir sind in der Minderzahl. Mit »wir« meine ich alle Küchenchefs, denen es noch immer eine Herzensangelegenheit ist, ihren Gästen qualitativ hochwertiges, ernährungsphysiologisch sinnvoll zusammengestelltes Essen zu bieten, das den Eigengeschmack der Produkte unterstreicht.

Zwei Dinge sind dazu notwendig: Frische Zutaten und fundierte handwerkliche Kenntnisse. Was so selbstverständlich klingt, ist es durchaus nicht, denn in vielen Betrieben mangelt es an beidem. Ein guter Koch wird jener, der von der Pike auf gelernt hat, Saucen und Fonds zu ziehen, Fleisch, Fisch und Gemüse auf den Punkt zu garen, Desserts herzustellen. All dies sollte in der Ausbildung stattfinden.

Die Realität sieht jedoch anders aus. Fertiggereichte sind allgegenwärtig und ihr Einsatz macht Handwerk und frische Lebensmittel überflüssig.

In einer Zeit, wo Werbung das Essen medial geschönt präsentiert, liegt es an uns, nicht nur gute Lebensmittel zu lieben, sondern dafür Sorge zu tragen, dass diese auch richtig produziert und weiterverarbeitet werden.

Das vorliegende Buch geht auf Ursachen und Konsequenzen dieser Praxis ein, aber auch auf viele Kücheninterna, die den Gästen im Normalfall verborgen bleiben. Ist der erhobene Zeigefinger mitunter auch unübersehbar, so steht weniger das Belehren als die Information im Vordergrund, gewürzt mit einem guten Schuss Ironie. Der Blick hinter die Kulissen gerät somit zu einem unterhaltsamen Lesestoff.

Leben wir unser Essen und Trinken, lieben wir frisches Kochen – für glückliche Momente!

Oliver Klimaschewski
Küchendirektor in Frankfurt am Main

VORWORT | 3. AUFLAGE 2021

Ich war ein junger Commis de Rang im LeMeridien in Hamburg, als ich eines Abends ein Liebespaar am Tisch sitzen hatte. Ich ging gleich mit zwei Karten hin und fragte sie, ob sie einen Aperitif wollten, da sagte einer der Gäste: »Also, wir wollen gar nicht in die Karte gucken. Wir möchten vier Gänge essen, dazu einen Aperitif und am Ende einen Digestif. Zu den Gängen möchten wir korrespondierende Weine bitte.«

Der andere Gast ergänzte: »Wir essen und trinken alles, Sie können also kreativ sein.«

Ich war perplex! Diesen speziellen Service kannte ich aus der Ausbildung, aber dass er wirklich von Gästen gewünscht wird, das war für mich eine Premiere. Also ging ich in die Küche und redete mit dem Küchenchef, der ein Vier-Gang-Menü zusammenstellte, während ich entsprechende Weine aussuchte.

Ich fühlte mich gut, weil ich von den Gästen richtig gefordert wurde. Sie hatten Anspruch und ich wollte liefern. Am Ende waren sie glücklich und zufrieden. DAS sind DIE Momente, für die ich diesen Beruf gewählt habe. Gäste, die sich verwöhnen lassen, die Kontrolle abgeben und uns Profis einfach mal machen lassen.

Ich habe in über 17 Jahren zigtausend Gäste bedient, aber diese beiden werde ich niemals vergessen, alleine schon deshalb, weil ich diese Freiheiten danach nur selten erleben durfte.

Und darum geht es aus meiner Sicht in der Gastronomie: Einen stressfreien, entspannten Abend haben, sich fallen lassen können, Genuss ohne Nachdenken. Sich treiben lassen. Im Zusammenspiel zwischen Gästen und Gastronomen steckt soviel Herzblut und Potential, dass beide Seiten davon profitieren können.

In diesem Buch, für dessen 3. Auflage ich heute das Vorwort schreiben darf, werden Sie ganz viel von diesem Herzblut finden! Versprochen!

Oliver Riek
Vollblutgastronom, Kellner und Buchautor

MENÜ 1. GANG

DER GEWUNDENE PFAD ZUR GASTRONOMIE

Zwanzig Jahre Mitarbeit in Küche und Service an der Seite meines Mannes als Küchenchef haben neben einem Erfahrungsschatz die Einsicht hinterlassen, dass es großen Informationsbedarf gibt – sowohl bei Gästen als auch bei Gastgebern. Die Tendenz ist unübersehbar, dass immer weniger Restaurantbesucher die Qualität einer Küche einschätzen können, da *Convenience*, also Vorgefertigtes, zum Maß aller Dinge geworden ist. Als Resultat folgen viele Betreiber diesem Trend und schränken das Kochen zugunsten des Erwärmens ein. Dem entgegenzuwirken durch Aufklärung und Hintergrundinformationen, wurde immer wichtiger für mich – und schließlich Anlass zu diesem Buch. Es stellt die andere Seite der Gastronomie dar, ermöglicht einen Blick hinter den Tresen und damit eine kritische Betrachtung.

Dabei war es mir nun wirklich nicht in die Wiege gelegt, in der Gastronomie zu landen, darum zunächst ein paar Worte darüber, wie es dazu kam.

IN DER »FRANKFURTER SZENE«

Hätte mir dies jemand während meines Studiums prophezeit, wäre er streng zurechtgewiesen worden ob dieser Unterstellung, denn ich hatte mich 1966 dazu entschlossen, Biologie und Kunst für das Lehramt in Frankfurt zu studieren – und zwar während der Studentenbewegung! Es ging schließlich darum, die autoritären Verhaltensweisen aufzubrechen, die alten Zöpfe abzuschneiden, die neuen Ziele von selbstbestimmtem Lernen in die jungen Köpfe zu pflanzen, vor allem aber: alles abzuschaffen, was die Generation unserer Eltern an konservativen Werten geschätzt und weitergegeben hatte. Der »Muff von 1000 Jahren unter den Talaren« sollte verschwinden und das gelobte goldene Zeitalter anbrechen. »Spießer« war das größte Schimpfwort, und keiner wollte zu jener verachtenswerten Spezies gezählt werden.

Ich möchte nur kurz erwähnen, dass diese schönen Ideale bereits im ersten Unterrichtsmonat ad acta gelegt wurden, denn wenn man vor einer Klasse mit dreißig Jugendlichen steht, die es zu domptieren gilt, ist mit *Laisser-faire* wenig auszurichten. Hier gibt es nur eins: Ich oder ihr. Wer dies nicht wahrhaben will oder nicht in der Lage ist, seine Schäfchen zu disziplinieren, geht mit fliegenden Fahnen unter.

Ein weiterer Grund, weshalb ich mit der Gastronomie – zumindest mit der jenseits des Tresens – frühzeitig abgeschlossen hatte, war einer meiner zahlreichen Semesterferienjobs als Aushilfskellnerin in einem Restaurant. Wie in einem schlechten Film geriet einer der drei Teller, die ich balancierte, in Schräglage, und die Sauce floss dem Herrn, den ich bedienen wollte, von hinten in den Kragen. Ich kündigte freiwillig, bevor man mich feuern konnte. Schlechte Voraussetzungen also, und während der nächsten 20 Jahre versah ich dann auch brav meinen Schuldienst ohne besondere Vorkommnisse.

Die Wende begann 1989 mit einem Umzug, der meine Freundin und mich zwang, uns nach einer neuen Lieblingskneipe umzusehen, denn der *Größenwahn*, eine Institution in Frankfurt und seit seinen Anfängen an mehreren Abenden der Woche unser zweites Zuhause, war nur noch mit einem Fußweg von 20 Minuten zu erreichen, zu dem wir uns nicht immer durchringen konnten. Wir vermissten ihn sehr, denn hier traf sich die Szene. Ab 22.00 Uhr stapelten sich die Besucher an der Theke in Dreierreihen. Ein Klospruch beschrieb die Situation treffend: »Die Zapfer sind tapfer, die Trinker sind flinker«. Lästig war die Sperrstunde um 1.00 Uhr, vor allem am Wochenende, denn damals war man gnadenlos, da Strafen drohten. Wenn Hans-Peter, einer der Besitzer mit Faible für die Oper anfing, Arien aufzulegen, empfahl es sich, baldigst zu zahlen und sich auf den Weg in Mollis Pinte um die Ecke zu machen, bevor die Nachteulen aus allen Winkeln eintrafen, denn sie hatte eine Konzession bis 4.00 Uhr. Um 1.30 war der Laden oft so gestopft voll, dass bei einem Schwächeanfall kein Platz zum Umfallen vorhanden gewesen wäre.

Zu dieser fortgeschrittenen Stunde stand Molli nur noch selten sicher auf den Beinen – zu viele Weinbrände hatten ihre Kondition geschwächt. Von ihrem Stühlchen hinter der Theke behielt sie alles im Auge. Mir klingt ihr »Haaalo« noch in den Ohren, wenn sie jemanden verdächtigte, nicht gezahlt zu haben. Wen sie besonders schätzte – ich gehörte dazu, aus welchen Gründen auch immer, dem zeigte sie zuweilen ihre Wohnung direkt nebenan. Sie war komplett eingerichtet, inclusive »Lotterbett«, jedoch völlig unbenutzt, denn sie zog es vor, im Kabuff nebenan zu schlafen, welches sie, Gerüchten zufolge, auch hin und wieder geneigten männlichen Besuchern zugänglich machte.

Die Gäste repräsentierten einen Querschnitt durch die Bevölkerung, und keiner störte sich an den hygienischen Gegebenheiten. Gespült wurde in einer roten Plastikschüssel – den ganzen Abend. Ich habe niemals gesehen, dass das Wasser gewechselt wurde. Als sie mit knapp über Siebzig starb, trauerte die ganze Nordendgemeinde, und bis zum heutigen Tag sind sie und ihre Pinte unvergessen.

Glücklicherweise fanden wir Ersatz in einem Weinkeller gleich um die Ecke, welcher von zwei durchaus ansehnlichen Herren betrieben wurde. Bei meiner Freundin war es im wörtlichen Sinne Liebe auf den ersten Blick, denn strahlend blaue Augen zogen sie sofort in ihren Bann, leider ein Strohfeuer, wie sich bald herausstellte. Bei seinem Kompagnon und mir dauerte es etwas länger, bis wir uns näherkamen, dafür hält die Beziehung aber – mit Höhen und Tiefen – bis heute.

Mein späterer Ehemann hatte sich bereits während seines Studiums als Aushilfe in der Gastronomie etwas Geld verdient. Es dauerte nicht lange, bis ihm klar wurde, dass hier seine Berufung lag, und so war der Wechsel von der Uni in die Küche schnell beschlossene Sache. Von Nordhessen führte ihn sein Weg schließlich nach Frankfurt, wo er in einer der frühen Frankfurter Szenekneipen, dem *Schmendrick*, sein erstes Betätigungsfeld fand. Die Chefin war erleichtert, dass sich jemand, dem sie blind vertrauen konnte, nicht nur um Küche und Einkauf kümmerte, sondern zudem in der Lage war, sämtliche kleineren Reparaturen auszuführen. Da sie eine weitaus stärkere Affinität zur Esoterik als zu geschäftlichen Angelegenheiten hatte, kam das Lokal finanziell nie so richtig auf den grünen Zweig, obwohl es an Gästen nicht mangelte. In ihrem Metier allerdings gelangen ihr beachtliche Erfolge, die aber leider kein Geld einbrachten. So konnte sie überraschenderweise durch Handauflegen Rückenschmerzen lindern und – ebenso erstaunlich – genau voraussagen, an welchem Vollmond die Gäste sich wieder völlig danebenbenehmen würden und welcher glimpflich abginge. Es stimmte immer! Die beleibte Nachbarin beispielsweise musste sich an einem dieser speziellen Vollmonde nach exzessivem Alkoholgenuss so vehement übergeben, dass sie am folgenden Nachmittag verschämt nachfragte, ob jemand zufällig in der Toilette ihr Gebiss gefunden habe.

Ein Gutteil der intellektuellen Nordendszene zählte zu den Stammgästen. Fast alle kannten sich, und es war für die meisten ein Schicksalsschlag, als das Etablissement seine Pforten schloss. Im Zuge der Altbauspekulation, die auch an diesem Haus nicht vorbeiging, wurde den Mietern gekündigt und die Etagen als Eigentumswohnungen verkauft. Lange befand sich an der Stelle des *Schmendrick* eine Galerie mit Objekten von eher zweifelhaftem Geschmack. Der Türgriff in Form eines nackten Frauentorsos erregte damals so die Gemüter, dass in der Nacht vor der Eröffnung die beiden Flügel der Eingangstür mit einem Stahlbügelschloss blockiert wurden. Die Vernissage musste um Stunden verschoben werden, da es erst der Feuerwehr gelang, die Tür zu öffnen.

Das Angebot, gleich um die Ecke einen Weinkeller zu übernehmen, lehnte die ehemalige Chefin ab, denn sie hatte sich weiserweise doch entschlossen, sich der Esoterik ganz zu widmen. Dies eröffnete den Freunden die Möglichkeit, als Unterpächter den Gewölbekeller eines Gastronomiekomplexes mit angeschlossenem großem Restaurant zu übernehmen, dessen Küche mitbenutzt werden konnte.

Renovierung und Innenausbau kosteten zwar wenig Geld, aber viel Zeit, sodass es lange nicht so aussah, als würde zur geplanten Eröffnung alles wirklich fertig sein. Zwischendurch war ein Rohr gebrochen und der ganze Raum stand mehrere Zentimeter unter Wasser. Das Stragula löste sich auf, doch darunter kamen sehr anständige Kacheln zum Vorschein, die lediglich in mühevollster Kleinarbeit gesäubert werden mussten – aber als die ersten Gäste kamen, fehlte nur noch eine letzte Schraube. Der erste Abend war ein voller Erfolg, denn alle hatten nur darauf gewartet, dass endlich wieder ein zweites Zuhause eröffnet würde.

Neben den alten Stammgästen fanden auch viele Studenten der benachbarten Musikhochschule den Weg in den Keller, dazu bunte Vögel aus der Transvestitenszene, die immer einen spektakulären Auftritt hatten, wenn sie spät abends nach einer Party noch aufkreuzten. Zur festen Belegschaft gehörte der unvergessene Anwalt Johannes Riemann, welcher seinerzeit alle Demonstranten verteidigte, die auf der Flucht vor der Polizei durch das Westend hetzend dennoch geschnappt wurden, ein begnadeter Hobbykoch, der gerne auf einen kleinen Wein vorbeischaute, während die Lammkeule im Ofen ihrem optimalen Garpunkt entgegenstrebte. Gerd, Taxifahrer und Philosoph, Börsen-Peter und Doppelkopf-Peter waren feste Größen, ebenso wie Werner, der sich einmal heftig beklagte, dass ihn »die kleine Maus« (ich!) wohl nicht leiden könne, da er kein Bier von mir bekäme. Mittlerweile hatte ich nämlich auszuhelfen begonnen, wenn eine Bedienung ausgefallen war, und das Kontrastprogramm zum Schuldienst machte mir Spaß. Das Anforderungsprofil einer Bedienung war mir jedoch noch nicht so richtig geläufig, denn ich hielt es für unhöflich, angesichts eines leeren Glases nachzufragen, ob ein neues gewünscht werde, da ich den Gast nicht in die Nähe eines haltlosen Alkoholikers bringen wollte.

Natürlich blieben Unfälle auch hier nicht aus, denn die Sicherheit kommt erst mit der Routine. Heute kann ich fast immer Gefahrensituationen antizipieren, wenn ich mit Zerbrechlichem unterwegs bin, damals fegte mir an einem meiner ersten Abende eine junge Frau mit ausholender Geste vier mit Weizenbier, zwei mit Pils und drei mit Wein gefüllte Gläser vom Tablett. Das Chaos war unbeschreiblich und einer unserer Freunde, von oben bis unten nass, enteilte wortlos und schwer indigniert, ohne mich eines weiteren Blickes zu würdigen. Hier lernte ich zum ersten Mal, dass niemals der Gast an einem Fauxpas schuld ist, den nimmt immer der Service oder die Küche auf sich, sei es auch noch so ungerechtfertigt.

Da eine Bistro-Karte angeboten werden sollte, war Kreativität gefragt, denn es galt, sich gegen das große Restaurant zu behaupten. Die Aussichten waren nicht schlecht, denn der Chef dieser Küche hatte viele große Töpfe, ein großes Selbstbewusstsein und die Chuzpe, seine Töpfe mit dem Inhalt großer Dosen zu füllen. In grobem Gegensatz zu diesem Tun standen übrigens die im Restaurant aufgerufenen Preise. Ungezählte Stunden vergingen mit der Produktion kleiner Gerichte und die Gäste honorierten die Mühe. Alles lief gut, die Gästezahl stieg – und dann kam die Kündigung. Stand der Dinge war nun, dass der kleine Ableger besser florierte als das Restaurant und die lästige Konkurrenz wieder verschwinden sollte.

Ein rauschendes Fest beendete diese erste Selbstständigkeit. Ein Freund des Hauses spielte Piano bis seine Finger dem trunkenen Geist nicht mehr folgen konnten und die Gast-Freunde in den frühen Morgenstunden ihr alternatives Wohnzimmer für immer verließen.

Der Boden jedoch war bereitet und eine Menge Erfahrungen gesammelt. Zum Beispiel, dass man nach 1.00 Uhr, der damaligen Sperrstunde, auf keinen Fall mehr Bier ausschenken durfte. Um diese Uhrzeit, nach dem offiziellen Schluss, noch weiter trinken zu dürfen war ein Privileg, das bezahlt werden musste. Also: Champagner, und ein Glas für den Wirt. Dafür hieß es allerdings auch, Unannehmlichkeiten in Kauf zu nehmen – etwa den betrunkensten Anwalt Frankfurts, vornehmlich tätig im Rotlichtmilieu, der sich stundenlang keinen Deut um seine Freundin scherte und laut um Hilfe rufend die Nachbarn um ihre Bettruhe brachte, als er mitbekam, dass sie sich stillschweigend mit einem anderen Herrn entfernt hatte.

Oder jenen Stammgast, der mit Stentorstimme und weichen Knien, längst jenseits von Gut und Böse, die nächste Runde einforderte und im Hauptberuf Therapeut für Alkoholabhängige war.

Oder eine Bedienungsaushilfe, die zuweilen die Gäste beschimpfte und schon mal gegen 23:45 Uhr anrief, sie habe verschlafen, würde aber jetzt gleich zum Arbeiten kommen. Dieselbe Dame übrigens, der das Kunststück gelang, sich nach einstündiger Lethargie auf einem Fest im Morgengrauen aus ihrem Sessel zu erheben, ca. 5 Sekunden auf ihren

10-Zentimeter-Stöckeln zu schwanken und dann der Länge nach mit dem Gesicht nach unten auf einen Glastisch mit Dutzenden von Gläsern und Flaschen zu fallen. Es ging so gut wie alles zu Bruch, das Unfallopfer kam aber mit einem blauen Auge davon, dass es sich beim Aufprall auf einen Flaschenhals geholt hatte.

DER EINSTIEG IN DIE PROFILIGA

Das Lokal war also geschlossen, und für meinen Lebensgefährten stellte sich die Existenzfrage. Eine interessante Tätigkeit zu finden ist nicht ganz einfach, aber Glück und Hartnäckigkeit führen doch manchmal zum Ziel. Es fand sich eine Stelle im *Mosebach* auf dem Sandweg, und am ersten Abend gingen 50 Essen ohne Fehler über den Pass. Laues Geschäft zwar, wie sich später herausstellte, aber nicht schlecht für einen Alleinkoch mit Küchenhelfer. Die Feuerprobe war bestanden, der Ehrgeiz geweckt – und mit ihm der unumstößliche Entschluss weiterzumachen, nicht lockerzulassen, ständig dazuzulernen, Perfektion zu erlangen.

Eine Küche zu leiten erfordert zähes Durchsetzungsvermögen, Gnadenlosigkeit und Unnachsichtigkeit sich selbst und den Mitarbeitern gegenüber. War die Küche gut am Abend, ist es Verdienst des Teams; gab es Fehler, ist der Küchenchef schuld. Immer. Er wird in jedem Fall die Schuld auf sich nehmen, auch wenn der Helfer, dem er schon hundertmal eingebläut hatte, genau dies zu vermeiden, den Feldsalat oder die Trüffel so schlampig geputzt hat, dass den Gästen der Sand zwischen den Zähnen knirscht.

Das Restaurant bot eine große Chance, denn es gab weder feste Vorgaben noch Einschränkungen, sondern gefragt war Fantasie. Kreationen wie »Lammkeule, gefüllt mit Bries, Nieren, Rinderfilet und Kräutern« wurde ebenso begrüßt wie »Kleines ganzes Huhn (Stubenküken durfte wegen der zartbesaiteten Klientel nicht auf die Karte) mit Erdbeer-, Pinienkern-, Walnuss-, Spinat- und Champignonfüllung aus dem Ofen« und »Hühnerbrust in Joghurt mit Tandoori«, angeregt durch den indischen Küchenhelfer. Die archaische Lust am Experimentieren konnte ausgelebt werden und war willkommen.

Daneben Anleihen an die bayrische Küche mit Leberkäs' und Spiegelei, »Gröstl« und dem legendären »Wammerl«, welches sich eine ganze Zeitlang auf der Karte hielt. Und das kam so: An einem brütend heißen Mittag lud Mosi, der Chef, eine gigantische Menge Schweinebauch in der Küche ab, ohne zu verraten, wie dieser Fettberg bei der großen Hitze verkauft werden solle. Aber manchmal treffen auch Köche den Zeitgeist mit dem Nagel auf den Kopf. Gefüllt, gut gewürzt und scharf gebraten war alles vor der Hälfte des Abendgeschäftes weg. Durchaus bemerkenswert, obwohl an schönen Tagen im großen Sommergarten oft um die 200 Positionen die Küche verließen.

Ein verantwortungsbewusster Küchenchef versucht, möglichst alles zu verwenden, denn Wegwurf erhöht den Wareneinsatz. Das ließ sich damals mit einfachen Mitteln bewerkstelligen. Gemüse ist unerlässliche Beigabe zu Schmorgerichten. Vergrößert man dessen Menge um ein Weniges, kann daraus eine »Mousseline von Schmorgemüse mit Mozzarella überbacken« gezaubert werden. Und wenn ein ganzer Rückenstrang Kasseler zur Verfügung stand, lag es nahe, das schmale Filet auszulösen: »Filet von Kasseler auf Toast mit Salatgarnitur« wurde vor allem von den Damen sehr gern genommen.

Die Jahre in dieser Gaststätte waren aufregend und aufreibend zugleich. Solides Kochen allein genügt nämlich nicht, um die Position eines Küchenchefs ausfüllen zu können. Zwei weitere Eigenschaften müssen unbedingt hinzukommen:

1. Eine eiserne Gesundheit, gepaart mit Selbstdisziplin

Wo andere die Krankmeldung schicken, ist es für den Koch Ehrensache, am Herd zu stehen. Erkältung, Verbrennung, Fieber, Bänderriss? Irgendwie wird's schon gehen. Versagt der Kreislauf, helfen fünf Minuten Flachliegen auf die Kühltruhe. Magenkrämpfe lassen sich mit 8 cl Fernet, eiskaltem Bier und einer Zigarette bekämpfen. Überlebt man es, sind die Schmerzen weg. Erstes Glied des linken Zeigefingers fast abgeschnitten? Ins Krankenhaus, nähen lassen und mit hochgehaltener Hand einarmig weiterarbeiten. Wenn der Alleinkoch ausfällt, bricht der Laden zusammen, und das wird er dem Chef niemals antun.

2. Intoleranz den Mitarbeitern gegenüber

Alle sind dem Chefkoch untertan. Das muss klar sein, sonst geht gar nichts. Einer gibt die Richtung vor, der die anderen folgen, das Chaos ist sonst vorprogrammiert. Die Helfer wissen das entweder, oder sie müssen es lernen. Für manche ist das schwierig, denn es wird nicht diskutiert, sondern angeordnet. Wer dies nicht akzeptieren kann, ist in der Küche fehl am Platz. Jeder hat sich der Sachkompetenz zu beugen, denn im Ernstfall – und der ist bei jedem Mittags- oder Abendgeschäft eingetreten – gibt es keine Sekunde Zeit, um irgendetwas zu hinterfragen. Wenn die Bons hereinschneien, müssen alle einfach nur funktionieren. Es ist eine Hierarchie, in der die Positionen klar bestimmt sind – und normalerweise klappt das auch.

Schwierig wird es, wenn sich zwei gleichberechtigte Küchenchefs die Stelle teilen und somit die Küchenhelfer zwei Herren dienen müssen. Wie in jenem Restaurant: Auch wenn sie nicht am selben Tag arbeiteten, sondern sich abwechselten, löste allein schon die Küchenübernahme größte Befindlichkeitsprobleme aus. Die Hinterlassenschaften seines Vorgängers wie Saucenansätze oder Suppen weiterzuverwenden, konnte sich der Partner nur selten entschließen, und so lungerten sie noch während der folgenden Woche im hintersten Kühlschrankwinkel herum, wo jemand sie mit Glück fand und fortschüttete. Steht die Tagesform in direkter Abhängigkeit zum Pegel der Küchenweine und -schnäpse, hat dies möglicherweise zur Folge, dass sich die Überreste der Kreationen zuweilen weder vom Geschmack noch vom Aussehen her irgendetwas Bekanntem zuordnen lassen. So war dann auch der Satz in einer Gastrokritik: »Saucen wollen nicht immer gelingen« letzten Endes Auslöser, sich nach einer neuen Selbstständigkeit umzusehen. Dabei verstand sich der Kollege ohne Zweifel auf sein Metier, anders als einer der früheren Köche, ein »Balina«, dessen typischer Ausruf immer noch gerne zitiert wurde: »Scheiße! Allet vabrannt, allet vaballert, musste abkratzen!«

IM EXIL

Es stellte sich heraus, dass der Frankfurter Markt für gastronomische Räumlichkeiten in guter Lage und mit annehmbaren Konditionen nichts hergab, und so verschlug es uns 1993 nach Dieburg. Diese Kleinstadt mit Wurzeln aus der Römerzeit kannten wir bisher nur vom Hörensagen und besser, es wäre so geblieben. Aber das konnten wir noch nicht ahnen, als wir uns in ein wunderschönes Objekt verliebten, dem ehemaligen Badehaus aus dem 16. Jahrhundert, eines der ältesten, aufwendig restaurierten Hauser des Ortes mit ebenerdigem Kreuzgewölbe und freigelegtem Fachwerk in den Räumen des ersten Stockes. Die Vorbesitzer des »Badhauses« warnten uns zwar vor Extravaganzen, aber ausgestattet mit dem Selbstbewusstsein eines Großstadtkochs, der gewillt war, seine Vorstellungen durchzusetzen, entfernte mein Mann als Erstes die Fritteuse aus der Küche – der gröbste Fehler –, und solch anheimelnde Gerichte wie »Entenbrust auf Zimt-Kirschsauce« bereicherten nun das Speisenrepertoire. Die Dieburger standen vor der Karte und lachten sich tot. Wir hatten in unserer Euphorie über das schöne Haus schlicht übersehen, dass ein vorsichtiges Herantasten an Erwartungen und Bedürfnisse der weitaus bessere Weg gewesen wäre. Während unsere Vorgänger auf Rustikalität setzten, erstrebten wir eine gehobene Gastronomie nach den Maßstäben der Großstadt. Die Erwartungshaltung an uns »Neue« war hoch, aber unser Angebot entsprach nicht den Vorstellungen vieler Einheimischer.

Auch die persönliche Akzeptanz hatten wir falsch eingeschätzt. Mit größerem Misstrauen als zugereiste Frankfurter, die alles besser wissen, wurden höchstens die reichlich vorhandenen Bisamratten im benachbarten Rinnsal mit dem schönen Namen »Gersprenz« betrachtet. Es dauerte gut ein Jahr, bis die ganz Ablehnenden zurückgrüßten. Verständigungsschwierigkeiten gab es ohnehin jede Menge. Nicht nur, dass Welten unsere Auffassungen von Gastronomie trennten, die Dieburger waren auch noch akustisch schwer zu verstehen. Den unvertrauten Dialekt, in dem alle A's zu O's werden, empfanden wir als äußerst befremdlich. Aber immerhin, mit beiderseitigem guten Willen war eine Kommunikationsebene zu finden, was leider bei der ererbten treuen und zuverlässigen Küchen- und Putzhilfe, seit 20 Jahren in Deutschland, nicht gelang. Ihr Repertoire beschränkte sich auch nach knapp vierjähriger Zusammenarbeit auf die zwei Worte: »Hause?« und »eiiiin?«, was alles bedeuten konnte, z.B.: »Soll ich einen Eimer Kartoffeln schälen? Den Schneebesen abwaschen? Die Toiletten sauber machen?« Außerdem hatte sie ihre sehr speziellen Vorstellungen, wo sich welches Küchenutensil befinden solle, aber damit das nicht langweilig werde, immer an einem anderen Platz. Es ist für einen Koch schier unerträglich, wenn er jeden Tag aufs Neue herausfinden muss, wo sich sein Lieblingsschaumlöffel, Ausbeiner oder Schneidebrett herumtreibt. Damals wurde das Wort »verjütscheln« in Anlehnung an ihren Nachnamen geboren, was so viel meint wie »unauffindbar verlegen«.

Ebenso eigenwillig ging sie ihrer Putztätigkeit nach. Für die Fliesen der Toilettenwände verwendete sie nur auf dringendes Bitten ein anderes Tuch als für die Reinigung des Bodens, dafür aber saugte sie akribisch die Sandsteinsäulen ab, welche das Kreuzgewölbe des Restaurants trugen und brachte es einmal fertig, den gesamten Küchenbetrieb lahmzulegen: Bei voll besetztem Haus und entsprechend klebrigem Boden versuchten die Köche ihr nahezubringen, dass sie später besonders gründlich saubermachen müsse, worauf sie auf der Stelle alles stehen und liegen ließ, einen Eimer mit Wasser über die Bodenfliesen auskippte und zu schrubben begann. Wobei sie vermutlich der Meinung war, dass Männer völlig schwachsinnig seien, wenn sie im größten Betrieb verlangen, dass der Boden aufgewaschen wird. Diese kleinen Schwierigkeiten änderten jedoch nichts daran, dass sie ihrer Arbeit mit Fleiß nachging, sodass wir niemals in Erwägung gezogen hätten, uns nach jemand anderem umzusehen.

Komplizierter wurde es, als sich einmal drei Wochen lang ein Praktikant für die Küche zu uns gesellte. Der Kleine war für seine 14 Jahre wirklich sehr klein, er reichte nicht bis zu den mittleren Regalen, also musste ihm alles zugereicht werden. Dafür verstopfte er durch seine schiere, unbewegliche, ausladende Anwesenheit die engen Gänge zwischen Herden und Anrichte und bildete ein ständiges unausweichliches Hindernis. Was die Empiriker in ihrer Pisa-Studie herausgefunden haben, war damals schon offenkundig: Selbst beim dritten Korrekturlesen seiner täglichen Berichte traten noch Fehler zu Tage. Eine kleine Kostprobe gefällig? »Ich schnigge die Kartoffeln gegen den Pannenrand, das sie zurückfahlen.«

Leider ging der Betrieb nicht so gut wie erhofft. Die Einheimischen konnten zu hohen Festtagen, Familienfeiern und dem infernal ausufernden Fasching (»Dieburg Äla!«) – ohne Probleme das Haus und die Küche annehmen, ansonsten mieden sie es, bis auf wenige, die sich zu Stammgästen entwickelten, wie der Teufel das Weihwasser. Selbst die »Gnadenkapelle« – eine Gruppe intellektueller Faschings-Hobbymusiker hatte sich diesen Namen in blasphemischer Anspielung auf die Wallfahrtskirche zugelegt –, oft zu Gast in der närrischen Zeit, wurden an den übrigen 51 Wochen nicht gesehen. Glücklicherweise stieß unser Konzept jedoch auf das Interesse auswärtiger Gäste, sodass wir unser Auskommen hatten.

Im beschaulichen Dieburg gibt es Tage, an denen fast alle auf den Beinen sind: Während des Faschings und am Weißen Sonntag. Wer an der Fastnacht Gefallen findet, sollte sie unbedingt dort verleben. Es gibt unzählige Fastnachtsgruppen, die, fest organisiert, das ganze Jahr damit zubringen, die nächste Kampagne zu gestalten. In der Hochsaison ziehen diese Gruppen, aufwendig kostümiert – einer der Köche kam einmal als Huhn zur Arbeit – von Lokal zu Lokal und trinken ihre *Piffchen* (0,1 l) Wein. Der verantwortliche Kassenwart führt das Ledersäckchen mit sich, aus dem für alle gezahlt wird. Viele Gruppen haben eigene Instrumente und erzeugen einen ohrenbetäubenden Krach. Das Kreuzgewölbe unseres Restaurants war dafür als Resonanzkörper bestens geeignet. Interessanterweise fördern gerade die Faschingsgruppen die Integration von Ausländern sehr: Nationalität oder Hautfarbe spielen überhaupt keine Rolle, vor allem Farbige sind gern gesehene Mitglieder.

Unabdingbare Voraussetzung war das Ausräumen des kompletten Gastraumes, wenn er den Narren offen stehen sollte. Die Glasschirme wurden von den Lampen genommen und statt ihrer buntes Krepppapier angebracht, die Polster von den Bänken, die Decken von den Tischen, die Bilder von den Wänden entfernt. Trotzdem ließen sich Verwüstungen nicht ganz verhindern, denn im Ernstfall war es im Gedränge unmöglich, schnell einzugreifen. Der Umsatz allerdings ließ sich sehen, Grund genug, um einige Unannehmlichkeiten zu akzeptieren.

Wie die Fastnacht ist auch der Weiße Sonntag, an dem die Kinder ihre Erstkommunion erhalten, in katholischen Gegenden mit hohem

Stellenwert belegt und ein Segen für die Gastronomie, besonders aber für die gehobene. Es fördert das Prestige, die Feier dort abzuhalten, der Preis spielt bei diesem Anlass eine weniger wichtige Rolle. Viele Kommunionen fanden statt, aber eine verdient besondere Erwähnung:

Der Vater des Kommunionskindes hatte den Wunsch geäußert, die Portionen des Menüs eher knapp zu bemessen, da man dem Hunger in der Welt nicht mit »Völlerei« begegnen wolle. Die Anweisung wurde vom Service zwar angenommen, aber nicht in die Küche weitergeleitet. So kam es, dass den Gästen zwei ausgesprochen üppige Gänge vorgelegt wurden, allerdings mit größeren Pausen, da man nach jedem Gang längere Zeit stehend im Gebet verweilte.

Erst als der Hauptgang serviert werden sollte, fiel dem Kellner siedendheiß die Vereinbarung wieder ein – zu spät, um noch eine Änderung vorzunehmen. Es fügte sich jedoch alles aufs Glücklichste: Der Gastgeber saß noch als Letzter vor seinem Teller und aß alle Reste auf – hochzufrieden, dass er für dieses Mal der Völlerei entsagt hatte.

Unsere Klientel bestand vorwiegend aus auswärtigen Gästen, die teilweise über größere Entfernungen anreisten – schwierig bei Schnee und Regenwetter. Zur Katastrophe wurde schließlich jedoch eine Baustelle. Direkt vor dem Haus wurde die gesamte Gasse aufgerissen, um die Kanalisation zu erneuern. Drei Monate waren avisiert, elf Monate dauerte das Ganze. Immer wieder gab es Unterbrechungen, da man auf mittelalterliche oder römische Fundamente gestoßen war, die archäologisch gesichert werden mussten. Der Zugang zum Restaurant war für Menschen mit normalem Schuhwerk unpassierbar – Schotter auf Erde, die sich bei Regen in Schlamm verwandelte. Als endlich alles fertig war, riss man zu allem Überfluss noch das gegenüberliegende Haus ab und baute es neu auf. Ein Teil der mühsam erarbeiteten Gäste blieb schließlich aus, die Baustelle hatte sich zu lange hingezogen.

Dabei gab es auch in Dieburg durchaus ein Potential von Gästen, das höchstwahrscheinlich Gefallen am Konzept gefunden hätte; es erschien nur leider nicht, sondern ging zum Italiener der oberen Preiskategorie. Vermutlich war es bis in diesen Winkel noch nicht durchgedrungen, dass auch deutsche Köche etwas auf der Pfanne haben können. Außerdem gehörte – und gehört – es zum guten Ton, einen Lieblingsitaliener zu haben, der mit höchst schmeichelhaften Anreden und entgegenkommender Beredsamkeit unsere Egos zu streicheln versteht. Deutsche tun sich in dieser »Disziplin« des leichten Tons schwerer und haben mitunter schon deswegen schlechtere Karten.

Es dauerte eine geraume Zeit, um Klarheit darüber zu gewinnen, dass es sich nicht nur um Anlaufschwierigkeiten handelte, sondern um ein fundamentales Problem. Die Vorstellungen von Gastronomie drifteten zu weit auseinander. Nach getaner Arbeit von Tisch zu Tisch zu gehen und sich mit den Gästen zu unterhalten, in Frankfurt eine Selbstverständlichkeit, war in Dieburg unmöglich. Die Kochuniform im Gastraum rief ein Unverständnis hervor, welches deutlich signalisierte, das Küchenpersonal solle doch bitte bleiben, wo es hingehöre. Dieses Erlebnis hat sich meinem Mann so tief eingeprägt, dass er bis zum heutigen Tag im eigenen Restaurant den Gastraum abends nur betritt, wenn es unumgänglich ist. Gäste sind jedoch in der Küche willkommen, wenn die Hauptgänge serviert wurden.

Es gibt absurde oder unangenehme Dinge, die überall passieren können, in Dieburg häuften sie sich jedoch. Besonders Gruppenreservierungen waren immer wieder für Überraschungen gut. Wegen einer kleinen Hochzeitsfeier von 15 Personen beispielsweise öffnete eigens das Restaurant nach der standesamtlichen Trauung. Für ein Menü konnte sich das Brautpaar nicht entscheiden, es sollte à la carte gegessen werden. Küchen- und Servicepersonal stand nur für diese Gesellschaft bereit. Der Gastgeber machte mit seiner Bestellung den Anfang. Aus der festen Karte (eigentlich als Kompromissgericht für Kinder gedacht, da es schon keine Fritten gab), wählte er Rostbratwürstchen und ein kleines Pils dazu. Diese Bestellung hatte Signalwirkung. Kein Gast wagte es, sich ein Menü auszusuchen oder auch nur ein Gericht aus der Tageskarte in Erwägung zu ziehen, geschweige denn ein Glas Wein zu trinken, sodass Personal- und Energiekosten den Gewinn nach Steuern überstiegen.

Eine andere Gruppe von zwölf bis fünfzehn Personen reservierte für 16.00 Uhr, also zwei Stunden vor der normalen Öffnungszeit. Mit einiger Verspätung erschienen schließlich sechs Leute, die eigentlich um diese Uhrzeit noch keinen rechten Hunger hatten und Desserts mit einer Tasse Kaffee orderten. Alles erwachsene Menschen, Akademiker, wie sich später herausstellte, die keinen Gedanken daran verschwendeten, dass sie einfach nur immense Kosten verursachten und in einem Café wesentlich besser aufgehoben gewesen wären.

Aber nicht nur auf der menschlichen Ebene gab es Schwierigkeiten, auch die Materie trug dazu bei. Westwind drückte Regen durch die Holzschindelverkleidung des kaum zehn Jahre vorher mit einem Millionenaufwand sanierten Hauses, sodass im ersten Stock Eimer und Töpfe stehen mussten, um das Wasser aufzufangen. Kühlaggregate siechten in engen Schächten dahin, bis sie eines verfrühten Todes starben. Als unter den Küchenfliesen ein Wasserrohr brach, fiel die komplette Elektrik aus, da sich die Feuchtigkeit im Hauptsicherungskasten des Kellers sammelte. Zum Glück, denn der aufsteigende Rauch alarmierte die Belegschaft, bevor ein Kurzschluss das ganze Haus einäschern konnte.

Irgendjemand musste sich bei den Renovierungsarbeiten eine goldene Nase verdient haben, denn so viele Fehlfunktionen lassen nur auf schlampige Arbeit schließen. Auch mit den Abflüssen war das so eine Sache. Es gibt ohnehin Dinge, die immer nur im größten Trubel passieren. Wie das mit dem Abfluss:

Im Tresenbereich quoll plötzlich aus den Getränkekühlschränken stinkendes Schmutzwasser. Es war sofort klar, dass der Abfluss verstopft sein musste und das Abwasser sich einen anderen Weg suchte. Der umgehend verständigte Notdienst erschien nach gut einer Stunde. Inzwischen stand der Fußboden hinter dem Tresen knöcheltief unter Wasser, die Spülhilfe und zwei alarmierte Nichten wrangen unablässig Putzlappen in Eimer aus. Mitten in der Küche standen drei Handwerker, die einen 20 m langen Schlauch mit rotierender Spirale in den Ausguss des Küchenbodens einführten. Das Durcheinander war überwältigend, und kurz bevor die Toiletten überflutet wurden, gelang es, die Leitung wieder freizubekommen. Glücklicherweise bemerkte keiner der Gäste die Katastrophe.

Unvergesslich auch der Tag, an dem das Weinregal zusammenbrach. Als eine Flasche herausgezogen wurde, rollte eine andere Flasche an ihren Platz. Dies hatte zur Folge, dass das gesamte Regal mit hunderten von Flaschen instabil wurde, sich in Bewegung setzte und die Servicekraft unter sich begrub. Es war ein Inferno aus zersplitternden und nachrutschenden Flaschen, das jedoch wie durch ein Wunder zu keinen ernsthaften Verletzungen führte. Bei der Bestandsaufnahme des Schadens stellte sich heraus, dass die Bierlieferanten beim Anliefern der Fässer das Regal halb aus seiner Verankerung gerissen hatten. Überraschenderweise waren weitaus weniger

Flaschen zerbrochen als befürchtet, jedoch zielsicher die teuersten, darunter ein *Château Margaux*.

Zermürbt durch diese nicht abreißende Kette von Unannehmlichkeiten und der Tatsache bewusst, dass Dieburg keine Heimat werden könnte, reifte in uns der Entschluss, das Objekt weiterzugeben. Ein ehemaliger Leiter der Revisionsabteilung von *Mitropa*, der die Nachfolge antrat ohne jede Ahnung von wirklicher und ohne jeglichen Anspruch an gehobene Gastronomie, tat sofort das Naheliegendste: Er holte die Fritteuse aus dem Keller und verbannte den teuren Kombidämpfer in den hintersten Winkel der Küche, wo er, unabgedeckt den Fettschwaden ausgeliefert, wahrscheinlich bis heute dahindämmert. Für Gerichte »rund um den Toast«, gebackenen Camembert mit Preiselbeeren und Schnitzel verschiedenster Gattungen sind Extravaganzen nicht vonnöten. So hatte dieses Kapitel, wenngleich glücklicherweise nicht existenzbedrohend, zwar einiges an Lehrgeld gekostet, zugleich aber auch einen unschätzbaren Fundus an Erfahrungen ermöglicht, die halfen, auf dem weiteren Berufsweg Klippen zu umschiffen.

STATIONEN IN FRANKFURT

Als wir 1996 wieder nach Frankfurt zurückkehrten, wollte mein Ehemann eigentlich zwei bis drei Monate pausieren, um dann in Ruhe etwas Neues zu suchen. Der Geflügelhändler jedoch hatte einen Tipp. Im Frankfurter Stadtteil Bergen, eigentlich Bergen-Enkheim – aber die Berger legen großen Wert darauf nicht im »Tal des Grauens« (= Enkheim) zu wohnen – hatte vor nicht allzu langer Zeit ein kleines Bistro eröffnet, das noch mit Schwierigkeiten kämpfte, sich zu etablieren. Und einen neuen Koch suchte.

Der erste Tag an dieser Stätte verlief allerdings recht unbefriedigend. Eine Spülhilfe war zwar zugesagt, aber nicht vorhanden. Und ein Alleinkoch wird nur äußerst ungern bereit sein zu spülen, denn er kann es schon vom Zeitaufwand her kaum leisten. Die Gefahr besteht, dass Vorbereitungsintensität und Kreativität leiden. Das Problem wurde vorläufig gelöst, indem eine Spülhilfe engagiert wurde, sollte jedoch später erneut Anlass zu Unstimmigkeiten geben.

Eines war sofort klar: Bei der minimalen Größe des Restaurants, zusätzlich noch durch eine Kühltheke reduziert, war ein Überleben nur bei einem wesentlich höheren Preisniveau möglich, was eine entsprechende Küchenleistung voraussetzte. Damit dies angenommen würde, empfahl sich ein behutsames Vorgehen, diese Lektion hatte Dieburg gelehrt. Also keine Revolution, sondern erst einmal das Studium der Psyche des Bergers. Die Analyse fiel folgendermaßen aus:

1. In dem Stadtteil wohnen überproportional viele gutbetuchte Mitbürger, die bereit sind, Geld für Essen auszugeben. Es muss allerdings etwas Besonderes sein, das dieses Geld auch wert ist.

2. Es gibt überproportional viele Frauen gutbetuchter Männer mit Tagesfreizeit, die sich gerne zu einem Schwätzchen treffen, aber nur Kleinigkeiten zu sich nehmen.

3. Der Individualismus dieses Völkchens ist so stark ausgeprägt, dass es sich nur unter seinesgleichen richtig wohl fühlt. Es braucht also einen Platz, wo es sich treffen kann.

Es stellte sich nun die Frage, wie diese Klientel als Stammkundschaft zu gewinnen sei. Eine wichtige Voraussetzung war bereits gegeben: Die Betreiberinnen, als eingeborene Berger, gehörten bereits dazu. Das mediterrane Ambiente war ein weiterer Pluspunkt, da es dem angestrebten *Savoir-vivre* entsprach. Es fehlte nur noch das passende Speisenangebot.

Dies zu entwerfen erforderte zwar einige Mühe, doch nach erstaunlich kurzer Zeit waren bereits erste Erfolge sichtbar. Die Damen nahmen es dankbar an, dass sie sich nicht mehr mit Vorspeisen zu 9,50 DM abfinden mussten, sondern zahlten, ohne mit der Wimper zu zucken, 25 DM für eine Kleinigkeit von Jakobsmuscheln in klarer Tomatensauce mit sautierten Pfifferlingen. Wenn die Zutaten hochwertig und die Zubereitung abgefahren genug war, fanden sich auch in der gehobenen Preisschiene genügend Interessenten, die für den nötigen Umsatz sorgten. Daneben wurde wie früher die kleine Bistroküche geboten, kaum teurer, aber etwas pfiffiger.

Das Bistro mauserte sich im Verlauf weniger Monate zum »In-Lokal«, das Publikum mischte sich immer bunter. Viele Selbstständige, einige Intellektuelle, ein paar schräge Vögel, Bekannte, Freunde, Nachbarn. Manche wechselten problemlos zwischen den Apfelweinlokalen und der nunmehr angesagten Lokalität. Die Besitzer der *Schönen Aussicht* waren Stammgäste, der Laden bekam etwas Familiäres, bot ein Forum, um sich zu treffen und gesehen zu werden. Die beiden Inhaberinnen spielten dabei den integrativen Part mit dem Bonus des Heimspiels.

Bei schönem Wetter konnte man draußen im Sommergarten sitzen. Das hatte den gewaltigen Vorteil, dass jeder im Vorbeifahren schon sehen konnte, ob es sich lohnte hinzugehen. Außerdem blieb so niemanden verborgen, wer sich wieder einen neuen Porsche geleistet hatte, denn ohne die geringste Spur von Unrechtsbewusstsein parkte man direkt vor dem Lokal; wenn es sein musste, auch auf der Fahrbahn. Großen Unterhaltungswert hatten zudem die Zornesausbrüche von Dragi, der energischen Bedienung aus der *Alten Post* schräg gegenüber. Bei geöffnetem Fenster reichte die Lautstärke, in der sie die Gäste zurechtwies, ohne Probleme zum Mithören aus. Eine Ihrer Lieblingstiraden war: »Wenn isch vier Hand' hätt, dät isch im Zeguss uffdrede!«

In jedem Wirtshaus verkehren Stammgäste, die ans Herz wachsen. Einen von ihnen verband mit meinem Mann ein Elefantengedächtnis und die Liebe zum Fußball. Namen von Spielern aus den 60er und 70er Jahren schüttelten sie gemeinsam nach Feierabend nur so aus dem Ärmel, und längst vergessene Stars wie Klaus Zaczyk, die Pferdelunge (Hamburger Sportverein) oder Suleiman Sane (Wattenscheid 09) wurden von ihnen zum Leben erweckt. Seit damals steht »Suleiman« in unserer Küche als Synonym für Sahne. Fordert mein Mann »Suleiman« an, weiß jeder, was gewünscht ist.

Es ist übrigens erstaunlich, welchen Stellenwert Fußballer auch nach Jahren noch bei der männlichen Bevölkerung haben. Im Weinkeller *Dünker*, damals unser Lieblingsaufenthaltsort nach getaner Arbeit, verkehrte hin und wieder auch Wolfgang Kraus, der »Scheppe«. Schon damals tapfer in den Fünfzigern, hatte er immer noch eine große Fangemeinde, besonders unter den jungen Gästen. Einmal wurde er beim Eintreffen spontan mit dem Chor »Hier kommt de Scheppe, schalla lalla li« begrüßt – eine fast rührende Vorstellung. Die Vorbildfunktion scheint also ungebrochen; nicht das Schlechteste, was einem zustoßen kann.

Ein weiterer Stammgast, eher rustikalen Charme verbreitend, bestand mit markiger Stimme auf »deutschem Riesling«, während als Kontrastprogramm ein älterer, sehr distinguierter österreichischer Herr mit goldenem Ohrring und langem Adelstitel durch seine exquisite Nonchalance und Umgangsformen längst vergangener Zeiten große Freude bereitete. Kam er mittags allein, fragte er stets, was es denn zum »Lönch« gebe. Lud er zum Essen ein, war alles geplant und es musste eine »Damenkarte« bereitgehalten werden, also eine Karte ohne Preise, damit die Damen unbehelligt von pekuniären Überlegungen ihre Wahl treffen konnten.

Auch das Begleichen der Rechnung ging nicht ohne Ritual und äußerst diskret vonstatten. Er hatte nur eine ungefähre Vorstellung von den Kosten, zumal er stets in Schillingen rechnete, vertraute aber dem Service völlig. Meist auf dem Gang zur Toilette steckte er der Bedienung ein Ledersäckchen mit relativ viel Geld zu und bat sie, den entsprechenden Betrag, zusammen mit einem üppigen Trinkgeld, herauszunehmen. Auch die Gesprächsebene, auf der er sich mit seinen Gästen bewegte, war seinen kleinen Eigenwilligkeiten durchaus angemessen, sie hätte dem literarischen Quartett zur Ehre gereicht.

Jeder Gastronom ist gezwungen, exakt zu kalkulieren und nach Möglichkeit kostensparend zu wirtschaften. Einem solchen Sparprogramm sollte schließlich doch noch der Spüler zum Opfer fallen. Was macht ein Koch, wenn er nun ganz allein den kompletten Küchenbetrieb stemmen soll? Er kündigt, und zwar umgehend – etwas voreilig, wie sich später erweisen sollte, denn nach dem Regen kann durchaus die Traufe folgen. Der Küchenhelfer, so angelernt, dass er das einfache Programm selbstständig kochen konnte, trat die Nachfolge an. Später erwies sich dies zwar auch nicht als geeignete Lösung, aber für den Moment erschien das wohl als der passendste Ausweg.

Restaurants wie die das *Mosebach* oder *Weil & Weil* sind Beispiele für die positive Seite der Gastronomie; es gibt jedoch auch die andere Kategorie, die nicht unerwähnt bleiben soll. Es liegt mir sehr daran, Missverständnisse auszuschließen, denn die *Speisekammer* in Heddernheim, von der jetzt die Rede sein soll, ist seit Jahren in anderen Händen und bietet nun eine sehr ansprechende Küche. Damals lautete die Annonce des Inhabers ungefähr: »Einmalige Gelegenheit für einen guten, kreativen Koch«. Das Restaurant war immerhin mit einem Kochlöffel im Aral-Schlemmeratlas dekoriert, sodass die Anzeige glaubhaft erschien.

Es gibt einen schönen Dialog im Film *Casablanca*. Frage an Humphrey Bogart: »Why did you come to Casablanca?« Antwort: »I came here for the waters.« Feststellung: »The waters? What waters? We are in the desert.« Humphrey: »I was misinformed«. So ähnlich stellte sich die Situation dar.

Für ein Restaurant mit 80 Innen- und 300 Außenplätzen stand an Personal zur Verfügung: zwei Köche, die teilweise im Wechsel arbeiteten, ein Küchenhelfer, ein zusätzlicher Spüler – aber nur, wenn der Garten voll besetzt war. Punkt. Das bedeutete im Sommer eine Arbeitszeit von zehn bis zwölf Stunden täglich bei einer 6-Tage-Woche. Die listige Vertragsformulierung beinhaltete, dass durch die übertarifliche, aber keineswegs üppige Bezahlung Überstunden abgegolten waren, wobei anzumerken ist, dass für den Tariflohn kein anständiger Koch auch nur sein Messerset auspacken würde.

Als schwierig erwiesen sich zudem die Küchenvorgaben, denn es stellte sich heraus, dass nichts weniger erwünscht war als ein kreativer Koch. An dem bewährten Programm durfte nicht gerüttelt werden. Im Mittelpunkt standen regionale Gerichte, flankiert von saisonalen Angeboten. Nun könnte man dieses Konzept auch ordentlich durchführen, aber hier regierte die Doktrin des äußerst preisbewussten Wareneinsatzes.

Mit Ausnahme des Fleisches hatten die Ausgangsprodukte ihre besten Zeiten zuweilen bereits hinter sich, denn Wegwurf war absolut tabu. Die Köche durften täglich beweisen, dass ihre Kunstfertigkeit ausreichte, um diese Ware trotzdem schmackhaft zu verarbeiten, deren Qualität häufig im umgekehrten Verhältnis zu den ausgesprochen hohen Preisen stand. Um sie einigermaßen vertreten zu können, wurde den Gästen suggeriert, alles sei hausgemacht – eine gleißende Lüge. Woher hätte die Küchencrew etwa die Zeit nehmen sollen, Kartoffelsalat selbst herzustellen? Sie reichte gerade dazu aus, den Inhalt der angelieferten Eimer so zu verfeinern, dass keiner Verdacht schöpfte. Aus dem gleichen Grund fanden Soßen-Großpackungen Verwendung – zum Leidwesen der Köche, die jede Atempause nutzten, um wenigstens einen kleinen Fond anzusetzen. Auch wenn es ihnen hätte gleichgültig sein können, da die Vorgaben eine andere Arbeitsweise verhinderten, versuchten sie alles, was in ihren Kräften stand, um zur eigenen Ehrenrettung wenigstens ein Minimum an solidem Handwerk abzuliefern. Die Gäste allerdings schienen nichts von all dem mitzubekommen, obwohl sie vom Garten aus die Küche gut beobachten konnten und sehen mussten, wie wenig Personal dort schuftete – und auch den Testern war dies offenbar entgangen.

Den Preisen lag die einzelne Berechnung jeder Position zugrunde: Fleisch, Beilage, Salat, Soße, sodass die krude Kombination eines kleinen Rinderfilets mit Bratkartoffeln und synthetischer Sauce béarnaise auf 64 DM kam – im Jahr 1998 eine horrende Summe.

Je größer die Menge, desto günstiger der Preis, diese einfache Formel bestimmte den Einkauf. Wie sind 90 kg Spargel zu 38 DM pro Portion mit Tütenhollandaise und angeblich neuen Kartoffeln an den Gast zu bringen? Innerhalb weniger Tage wird dies nicht gelingen, stand zu vermuten, aber es gibt glücklicherweise große Wassereimer zur Aufbewahrung. Die letzten Stangen warteten dort drei Wochen auf ihren Verkauf. Auch wenn sie dann – dank ständigem Wasserwechsel – noch genießbar, obgleich hart waren, hatte sich irgendwann auch das letzte Quäntchen Aroma verflüchtigt. Erstaunlicherweise gab es äußerst selten Reklamationen.

Als wunderbare Erfindung entpuppte sich die Aufbackbrezel. Jeden Tag wanderten etliche dieser Köstlichkeiten aus dem Ofen in die Körbchen auf den Tischen, wo sie ausharrten, bis der unbedachte Gast zugriff in der Meinung, sie seien umsonst. Weit gefehlt! Es wurde genau nachgezählt und das Stück mit 2,50 DM in Rechnung gestellt. Abends war dann der Rechenschaftsbericht von den Köchen fällig, wie viele Brezeln sie herausgegeben hatten. Wehe, deren Zahl deckte sich nicht mit der des Chefs! Aufgrund akribisch nachgeschauter Bons hatte er einen genauen Überblick über das, was boniert worden war. Um den Verbleib einer einzigen Brezel zu klären, gab es zuweilen halbstündige Diskussionen, während derer niemand den Raum verlassen durfte.

Ein einfacher Trick förderte den Brezelabsatz: Das widerwillig zugestandene Graubrot, bröselig und bestenfalls geschmacksneutral, mochte eigentlich keiner, zumal die Wegwurfsperre selbstverständlich auch das Brot betraf. Alles, was in den Körbchen zurückblieb, kam abends in eine Emaillebüchse und am nächsten Tag wieder auf den Tisch.

Aber der Erfolg legitimierte alles, das Geschäft lief gut. Ausgesprochen viel Prominenz gab sich die Ehre und auf dem Parkplatz wimmelte es von Porsche und Daimler. Kein Mensch schien sich am Angebot und den Preisen zu stören. Bei Feiern ging es richtig zur Sache. Für unsägliche Menüs wurden tapferste Summen eingefordert. Auch die Zusammenstellungen von Büffets waren denkwürdig, was ein Beispiel illustrieren möge:

Die Vorspeisen bestanden aus Grüner Sauce mit Ei, hausgemachter Blut- und Leberwurst (woher? Klar, aus der Dose), Aioli (nach Geheimrezept von Frau Sowieso) und »Cru d'éte« (Originalschreibweise! Gemeint waren Crudités, kleine Rohkostgerichte, der französischen Küche entlehnt). Dazu kamen die obligaten Brezeln und verschiedene Sorten Brot: Ziemlich altes, noch älteres, ganz altes. Der warme Part bestand aus Ochsenbrust mit Grüner Sauce und Nürnberger Rostbratwürstchen. Diese Darbietung, an Phantasielosigkeit und minimalstem Wareneinsatz kaum zu übertreffen, fand trotzdem das Placet der Gastgeber. Die Köche fragte man niemals nach Menüvorschlägen, das war Chefsache, sie führten lediglich aus und mussten sich selbst so unsinnige Gerichte wie »Forelle à la Gerlinde Locker« an die Fahnen heften lassen.

Willkommen war alles, was wenig oder gar kein Geld kostete. Löwenzahnsalat etwa, dessen Rohmaterial auf der Wiese im Taunus wuchs. In der warmen Jahreszeit beglückten überquellende Körbe mit riesengroßen ausgestochenen Löwenzahnpflanzen die Köche, deren Aufgabe es war, dieses Unkraut in Ei-Kräuter-Vinaigrette anzurichten. Dass sich für einen Salat nur die Blätter von ganz jungen Pflanzen oder unter Lichtabschluss aufgezogene eignen, spielte nicht die geringste Rolle. Unverständlicherweise kamen auch hier niemals Beschwerden.

Die Frage, warum sich mündige Bürger nicht wesentlich häufiger gegen so etwas wehren, lässt nur eine Antwort zu: Die Mehrzahl merkt es nicht. Hinzu gesellt sich der Herdentrieb, man geht hin, wo alle hingehen. Die schiere Anzahl der Gäste suggeriert Qualität. Es ist ein immer wieder zu beobachtendes Phänomen, dass ein Lokal plötzlich »in« ist, wenn Meinungsträger in der betreffenden Szenerie es für sich entdecken. Dies kann auch über Gastro-Führer geschehen, die aus objektiv nicht nachvollziehbaren Kriterien eine Empfehlung aussprechen.

Als sich dem Verlassen dieser Stelle eine weitere unerfreuliche Episode abhängiger Arbeit anschloss, stand der Entschluss fest, sich wieder nach einem eigenen Restaurant umzusehen. Offenbar genau zum richtigen Zeitpunkt, denn es bot sich etwas Passendes an: das *Estragon*.

MENÜ 2. GANG

SELBSTSTÄNDIG – SEIN ODER NICHT SEIN?

TIPPS UND INFORMATIONEN

Durch die Dieburger Erfahrungen, eine unschätzbare Quelle zur Fehlervermeidung, waren wir uns über die Risiken im Klaren. Die Übernahme eines Geschäftes erfordert eine genaue Analyse der Gegebenheiten, um die Gefahr des Scheiterns zu minimieren. Aus zahlreichen Gesprächen weiß ich, dass viele unter Ihnen den Wunsch nach einem eigenen Lokal haben. Deshalb an dieser Stelle einige Hinweise, die Sie beherzigen sollten, wenn der Entschluss dazu gereift ist:

1. Erster und wichtigster Punkt:
Sie sollten über ausreichende Mittel verfügen, um das Objekt zu übernehmen. Ist eine Finanzierung über Banken notwendig, wird die Sache schon schwierig, ganz davon abgesehen, dass es kaum noch Banken gibt, welche der Gastronomie Kredite zur Verfügung stellen. Die Gefahr der Pleite ist zu groß. 50 % aller Neueröffnungen überleben das erste Jahr nicht.

2. Selbstverständlich haben Sie ein Konzept. Gehen Sie aber niemals davon aus, dass es die Gäste auf Anhieb akzeptieren. Es genügt also nicht, die Übernahme finanziell abzusichern, Sie müssen außerdem in der Lage sein, mindestens ein Jahr durchzuhalten, ohne Gewinne zu machen. Seien Sie froh, wenn sich das Geschäft trägt und eventuell ein Lebenspartner da ist, um Sie in dieser Zeit über Wasser zu halten.

3. Kalkulieren Sie vorsichtig. Verwechseln Sie Umsatz nicht mit Gewinn. Wenn alles glatt läuft, werden Sie einigermaßen Geld verdienen, aber das meiste geht auch gleich wieder weg. Verschaffen Sie sich einen Überblick, die Kosten betreffend. Es fallen Rechnungen für Versicherungen an, den Steuerberater, die Berufsgenossenschaft, die GEMA, Pacht, Krankenkasse, Altersvorsorge, Heizung, Energie, Personal und nicht zu vergessen die Umsatzsteuer. Machen Sie also niemals den Fehler, sich als Erstes ein großes Auto auf Leasing zu kaufen, dessen Raten nachher knebeln.

4. Versuchen Sie am Anfang so viel wie möglich an eigener Arbeit zu leisten. Ergeben sich später feste Arbeitsplätze, umso besser. Selbstständig zu sein bedeutet, selbst und ständig zu arbeiten. Gehen Sie deshalb nicht von acht Stunden Arbeit pro Tag aus, sondern stellen Sie sich auf zwölf Stunden ein.

5. Sollten Sie nicht selbst kochen und anspruchsvolle Gastronomie anstreben, werden Sie nicht darum herumkommen, einen Koch fest anzustellen, dem mindestens ein Helfer zuarbeitet. Allein dies ist schon das größte Problem; jemand für den Service findet sich relativ einfach. Gute Köche sind so selten wie Perlen in Austern, denn diese hoch begehrten Exemplare arbeiten entweder in großen Häusern oder besitzen ihr eigenes Restaurant. Ist einer von ihnen zufällig auf Arbeitssuche, wird er eine angemessene Bezahlung erwarten. Haben Sie finanzielle Probleme, diese zu leisten, machen Sie nicht den Fehler, einen der vielen angelernten Helfer, welche gerne den Part des Küchenchefs geben möchten, zu engagieren, denn er wird zwar das Programm der einfachen Küche problemlos abkochen, ist für die höherwertige jedoch ungeeignet. Die Entscheidung für minderwertige Qualität zugunsten eines geringen Entgeltes, in der Hoffnung, dass es schon nicht auffällt, wird sich rächen. Im oberen Segment ist die Luft dünn und die Gäste sind kritisch. Haben Sie einen geeigneten Koch gefunden, behandeln Sie ihn wie ein rohes Ei und nehmen kleine Unstimmigkeiten hin, es kommt nämlich höchstwahrscheinlich kein besserer nach.

6. Planen Sie einen Werbeetat ein, der nicht überschritten wird. Überlegen Sie genau, was sinnvoll ist und wie viele Gäste Sie gewinnen müssen, damit sich eine Anzeige zu 300 € rechnet! Bei einer Neueröffnung bekommen Sie Angebote ohne Ende, zum Teil absolut windige oder sogar kriminelle, die nur der Geldschneiderei dienen und keine Gegenleistung bieten. Man überschüttet Sie mit einem Wortschwall, der keine Zeit zum Nachdenken gibt. Lassen Sie diese Vertreter ins Leere laufen, indem Sie um Unterlagen bitten, die Sie sich in Ruhe anschauen können.

7. Werden Sie Mitglied im Hotel- und Gaststättenverband. Es ist nicht sehr teuer, Sie zahlen weniger GEMA, werden ständig über neue Entwicklungen informiert und bekommen eine kostenlose Rechtsberatung.

8. Informieren Sie die Ämter über jede Nutzungsänderung, die Sie anstreben. Stellen Sie nie jemand vor vollendete Tatsachen, man wird es Ihnen übel nehmen. Außerdem sind die Sachbearbeiter durchaus kompromiss- und gesprächsbereit, wenn Sie etwas Geduld mitbringen.

9. Bemühen Sie sich um ein gutes Verhältnis zu den Nachbarn. Verfügen Sie über eine Außenkonzession, ist dies überlebenswichtig.

10. Investieren Sie niemals Ihr gesamtes Geld, sondern behalten Sie eine Reserve zurück. Ein verstopfter Fettabscheider, den der Vorgänger nicht warten ließ, oder die Auflage des Schornsteinfegers zur Reinigung der Abzugsanlage schlagen sofort mit Tausenden von Euros zu Buche. Fehlt dieses Geld, folgt ein Liquiditätsengpass für notwendige Bestellungen auf dem Fuße, und im Nu steht das ganze Geschäft auf der Kippe.

11. Eine wichtige Rolle spielt die Höhe der Pacht. Die Faustregel besagt, dass sie maximal ein Zehntel des Monatsumsatzes betragen darf, damit ein kleiner Profit übrig bleibt. Rechnen Sie also durch, ob Sie bei einer Pacht von 2000 € einen Umsatz von 20 000 € erwirtschaften können.

12. Sie haben noch nie in der Gastronomie gearbeitet, wollten aber schon immer ein Lokal haben und möchten sich diesen Wunsch jetzt erfüllen, vielleicht weil Sie etwas Geld zur Verfügung haben oder mit dem Job nicht mehr glücklich sind? Lassen Sie die Finger davon! Sie handeln sich nichts als Arbeit ein mit zweifelhafter Aussicht auf Erfolg. Möglicherweise sind Sie ein prima Hobbykoch und alle Freunde loben Ihr Essen, wenn sie bei Ihnen eingeladen sind. Dieselben Freunde werden sehr viel kritischer mit Ihren Kreationen umgehen, wenn sie dafür zahlen sollen. Sind Sie finanziell nicht in der Lage, sowohl einen guten Küchenchef als auch anderes Personal zu beschäftigen, gibt es große Probleme. Und selbst wenn dies der Fall ist, sind Sie darauf angewiesen, ihnen zu vertrauen, da Sie selbst keine Ahnung von den Arbeitsabläufen, den Einkäufen, der Kalkulation haben. Natürlich können Sie sich das alles aneignen, aber es kostet Zeit, und im schlechtesten Fall sind Sie pleite, bevor Sie das Wichtigste begriffen haben.

Dies waren die wesentlichsten der allgegenwärtigen Fallstricke, aber es gilt, noch andere Klippen zu umschiffen. Angenommen, Sie übernehmen ein Restaurant mit guter Gastronomie, die Sie noch steigern wollen, dann verdienen vier Punkte besondere Aufmerksamkeit: Küche, Service und Ambiente müssen stimmig sein, die Leistungen den Preisen angemessen. Wenn es hier irgendwo hakt, ist der Erfolg höchst zweifelhaft. Und ganz wichtig: Gehen Sie behutsam vor. Komplette Umstrukturierungen verschrecken die Gäste. Anders als bei einer Neueröffnung, die eine vollständige Umgestaltung des Gastraumes erfordert, ist es bei der Übernahme eines gut eingeführten Restaurants ein großes Wagnis, das Ambiente vollständig zu verändern, denn Gäste bevorzugen ihren vertrauten Rahmen. Kochen Sie nicht selbst, kann es durchaus sinnvoll sein, den amtierenden Koch zu übernehmen und mit ihm die neue Strategie zu planen. Handelt es sich um ein kleines Objekt, ist Vorsicht geboten bei der Einstellung eines »Sterne-Kochs«. Der *Guide Michelin*, renommiertester aller Gastro-Führer, verleiht einen bis maximal drei Sterne als Auszeichnung an besonders herausragende Köche. Die Erfolge jener Berufenen hängen jedoch in hohem Maße vom Können und Engagement ihrer Crew ab, denn sie wirken in einem ganz anderen Rahmen. Ihnen arbeiten Spezialisten zu, »Postenköche«, die nur für ihren Teilbereich zuständig sind.

Nun ist es mit vielen »Sterneköchen« so bestellt, dass sie sich nicht etwa einen Michelin-Stern selbst erkocht, sondern in einem besternten Restaurant gearbeitet haben. Hier sind die Posten exakt verteilt. Jeder *Chef de Partie*, unterstützt von Helfern, hat sein eigenes Ressort und ist nur dafür zuständig, sei es Gemüse, Fleisch, Sauce oder Süßspeise. Wenn diese Köche plötzlich ohne die gewohnte Küchenbrigade auskommen sollen, führt das nicht selten zu einer Katastrophe. Das angestrebte hohe Niveau wird weder in der Konzeption noch in der Schnelligkeit erreicht. In solchen Fällen ist keine Konstanz zu erwarten und die Qualität der Küche leidet. Werden dann hohe Preise aufgerufen, reagiert der Gast verstimmt und kommt vielleicht noch ein zweites, bestimmt aber kein drittes Mal. Dies hat zur Folge, dass der Umsatz zurückgeht und immer weniger Geld für gutes Personal und gute Produkte zur Verfügung steht. Gibt es dann noch Bankverbindlichkeiten, ist die Gefahr eines Totalverlustes groß.

Sind alle Risiken berücksichtigt, erfolgt die Überprüfung des Konzeptes auf seine Umsetzbarkeit. Es bieten sich unterschiedlichste Strategien an, von der Tapas-Küche über die Schnitzelbraterei bis zur Cocktail-Bar – wichtig ist die Analyse von Bedarf, Umfeld und eigenen Möglichkeiten. Eine Gastronomie, die jedes Alter und jede Geschmacksrichtung bedienen will, erweist sich meist als wenig erfolgreich, da ein individueller Stil größere Akzeptanz findet.

Bedingt durch das wirtschaftliche Umfeld hat im Moment die höherpreisige Gastronomie Schwierigkeiten, sofern sie nicht gerade zu den »angesagten Locations« gehört, denn man möchte zwar essen gehen, aber möglichst wenig Geld dafür ausgeben. Eine Bedarfsanalyse ist deshalb unerlässlich. Hinzu kommt ein Überangebot, denn viel zu viele Gaststätten wurden in den letzten Jahren von Betreibern ohne jedes Fachwissen gegründet. In den Großstädten kommt auf durchschnittlich zwei- bis dreihundert Einwohner ein Lokal! Sollte jedes seinen Besitzer ernähren, müsste »ein Viertel der Bevölkerung Tag und Nacht im Wirtshaus zubringen«, wie es ein Redakteur der Zeitschrift *Hessische Gastronomie* errechnete.

Die wirtschaftliche Situation ist jedoch weit davon entfernt, dass sich die Mehrheit der Bevölkerung allzu häufige Restaurant- oder auch nur Kneipenbesuche erlauben könnte, denn der Aufschwung kommt nur bei einer Minderheit an.

Die Insolvenzen gehen quer durch das Spektrum der Betriebe. Für alle, die keine spezielle Nische besetzt haben, ist das Überleben schwer geworden. Besonders betroffen ist eine Reihe von besternten Häusern. Die Zeiten, wo eine Reservierung Monate im Voraus notwendig war, sind bis auf wenige Ausnahmen vorbei, denn die hohen Kosten dieser Art von Gastronomie rechnen sich schwer. Nur wenige Feinschmecker sind bereit, mindestens 100 € für ein Menü auszugeben. Lieber suchen Gäste, vor allem für Arbeitsessen, die preisgünstigere Kategorie auf, da auch Firmen ihre Budgets gekürzt haben. In den letzten Monaten schlossen im Bundesgebiet etliche Sterne-Restaurants sang- und klanglos ihre Pforten.

Alle, die also nur glauben, in der Gastronomie das schnelle Geld machen zu können, sind von vornherein zum Scheitern verurteilt. Es ist verwunderlich, mit welcher Blauäugigkeit viele Zeitgenossen darangehen, diesen Wunschtraum zu verwirklichen. Sie sehen nur die gut besuchten Lokale, die leeren werden ignoriert. Es wird immer wieder Abende geben, an denen nur zwei oder drei Tische besetzt sind, und das kann auch mehrmals hintereinander geschehen. Wahrlich keine Tage für Königstiger, an denen nur zu hoffen bleibt, dass sich der Ausgleich wieder einstellt. Darüber muss sich jeder im Klaren sein, der ein eigenes Geschäft aufmacht und außerdem, dass immense Arbeit und Kosten auf ihn zukommen.

Eigentlich sollte sich dies inzwischen herumgesprochen haben. Doch immer wieder wagen Fachfremde ohne jedes Hintergrundwissen den Einstieg und nicht selten in die schwierigste Kategorie, das »Gourmet-Restaurant«. Die Naivität, was Gastronomie betrifft, kennt keine Grenzen. Alles klappt von allein. Chef/Chefin brauchen nur anwesend zu sein und die Honneurs zu machen. Die anderen arbeiten, das Geld aber bekommen *sie* – eine Annahme, die ebenso falsch wie häufig ist.

Bei alledem wird die finanzielle Belastung sträflich unterschätzt. Selbst wenn gute Umsätze erzielt werden – die Aus- und Abgaben sind enorm hoch, und am Finanzamt kann sich keiner vorbeimogeln. Je höherwertiger die Gastronomie, desto seltener wird mit Bargeld bezahlt, die Kartenabrechnung hat dessen Stelle längst eingenommen. So bequem das

Plastikgeld auch handzuhaben ist, für kleine Objekte stellen die 2 – 4 % der anfallenden Abrechnungsgebühren eine erhebliche Einbuße dar. Selbst wenn es an guten Abenden so aussieht: Reichtümer in der Gastronomie zu erwirtschaften, ist nur ganz wenigen vorbehalten, alle anderen sind glücklich, wenn sie ihr Auskommen haben.

Sind Sie fest entschlossen, sich auf eigene Füße zu stellen, können Sie das Risiko etwas minimieren, indem Sie klein anfangen. Zwar beinhaltet das geringere Risiko auch gleichzeitig geringere Gewinne, ein Vorteil ist jedoch, dass bei nachlassendem Geschäft keine unüberschaubaren Kosten anfallen. Je größer das Geschäft, desto höher sind die Kosten. Personal und Pacht fallen am meisten ins Gewicht, gefolgt von der technischen Ausstattung. Gastronomiegeräte sind extrem teuer, genauso wie ihre Reparatur. Es müssen unbedingt Rücklagen für schlechte Zeiten gebildet werden – und die kommen unausweichlich. Kredite sind für die Gastronomie, zumindest von Banken, nicht mehr zu erhalten, es sei denn gegen erhebliche Sicherheiten, wobei jedoch keinesfalls das Objekt selbst als Sicherheit akzeptiert wird.

Als Deutscher im eigenen Land eine anspruchsvollere Küche zu etablieren, erfordert erhebliches Durchsetzungsvermögen, denn fast jeder kann seinen Lieblingsitaliener, -spanier oder -griechen benennen, aber kaum jemals einen Einheimischen. Da nehmen wir uns gar nicht aus: Unser Lieblingsitaliener hat sein kleines Restaurant gleich um die Ecke. Obgleich sich in der ausländischen Gastronomie nicht weniger fragwürdige Exemplare tummeln, werden sie entweder weniger als solche wahrgenommen oder man geht nachsichtiger mit ihnen um. Eine Erklärung hierfür könnte sein, dass die eigene Weltläufigkeit unter Beweis gestellt werden soll: die Toleranz gegenüber der anderen Nation, die Akzeptanz fremder Gepflogenheiten. Diese schönen und unterstützenswerten Eigenschaften sind jedoch fragwürdig vor dem Hintergrund einer Kritiklosigkeit, die im eigenen Minderwertigkeitsgefühl und der Angst gründet, angreifbar im kosmopolitischen Anspruch zu werden.

Die bereitwillige Annahme, jede ausländische Küche sei besser als die einheimische, ist bemerkenswerterweise ein rein deutsches Phänomen. Die Fähigkeit zur kritischen Beurteilung scheint abhanden zu kommen, wenn vor dem Eigennamen des Restaurants »Ristorante«, »Taverne« oder »Bistro(t)« steht. Selbst das Geschäft eines Gemüsehändlers namens Karl

Kellermann reüssierte erst, als er sich in »Carlo Cantineri« umgetauft hatte. Keinem Franzosen oder Italiener würde auch nur im Traum einfallen, die eigene Authentizität zu verleugnen. Bei uns scheint sich die Bereitschaft zur Identifikation mit der eigenen Sprache und kulturellen Tradition auf unreflektierten Nationalstolz bei Sportereignissen und der Zuwanderungsproblematik zu beschränken – das Ergebnis einer tiefen Verunsicherung, die das Verlassen des Mainstreams verhindert.

Die Hinwendung zur ausländischen Gastronomie ist jedoch auch von einem Teil der deutschen Wirte selbst verschuldet, denn viele der gutbürgerlichen Restaurants früherer Zeiten mutierten im Laufe der Jahre zu »Schni-Po-Sa«-Stationen – Schnitzel, Pommes, Salat –, in deren Küche die Fritteuse den zentralen Stellenwert einnimmt. Dies führte zu einem Vertrauensverlust derjenigen Gäste, die im Ausland andere Möglichkeiten der Speisenzubereitung kennengelernt hatten und eröffnete anderen Nationalitäten ein weites Betätigungsfeld, das ihnen große Erfolge bescherte.

In unserer schnelllebigen Zeit, die nach dem Ausgefallenen das noch Ausgefallenere sucht, ist es nicht einfach, ein Restaurant zu etablieren. Zumindest, wenn man es ablehnt, dem *Lifestyle* hinterherzujagen und *Event-Gastronomie* in einer speziellen *Location* zu bieten, vermutlich *powered by emotion*, oder Absurditäten wie »Sorbet von Red Bull mit Gummibärchen« oder »Chicken Wings auf Coca-Colasauce« ins Programm nehmen, Dinge, offenbar so hip, dass sie selbst von Gastronomie-Fachmagazinen (in denen übrigens nicht mehr von Essen und Trinken, sondern im Zuge der Globalisierung von »Food & Beverage« die Rede ist), zur Steigerung des Umsatzes empfohlen werden. Dabei ist die Akzeptanz dieses Unsinns nicht auf die junge Generation beschränkt, die ohnehin alles annimmt, was »trendy« ist, sondern findet auch bei erwachsenen Menschen Zustimmung, die mitten im Leben stehen und diese Kreationen mit ordentlich viel Geld belohnen.

Sie stehen also vor keinem einfachen Unterfangen und der schweren Entscheidung, ob Sie den Massengeschmack befriedigen und damit ziemlich sicheres Geld verdienen, dem gerade angesagten Trend folgen, dabei aber Gefahr laufen, dass nach zwei Jahren völlig andere Dinge gefragt sind – oder das Wagnis eingehen sollen, Qualität den Vorzug zu geben und kontinuierlich ein hohes Niveau von Küche und Service anzustreben. Sich zu einer Selbstständigkeit zu entschließen, ist immer eine Angelegenheit, die gut überlegt sein will und der Weg dahin nur in den seltensten Fällen ein gerader. Wer nicht durch Geburt und Erziehung in einen Familienbetrieb hineinwächst, muss seine Erfahrungen anderweitig sammeln und wird nicht umhinkommen, Lehrgeld zu zahlen. Im günstigsten Fall ist der zukünftige Betreiber auch gleichzeitig Küchenchef und hat bereits einige Gaststätten im Angestelltenverhältnis kennengelernt.

Wie beim Kauf von Aktien ist es sinnvoll, sich ein *stop loss* zu setzen, also genau zu überlegen, bis zu welchem Punkt der Verlust gehen darf, bevor man alles liquidiert, um nicht noch mehr in die roten Zahlen zu geraten. Manches Mal ist ein Ende mit Schrecken besser als ein Schrecken ohne Ende. Hier jedoch spielt wiederum die Pacht und die Länge des Pachtvertrages eine Rolle. Ein langjähriger Vertrag kann nämlich durchaus zum Albtraum werden, wenn das Geschäft nicht läuft, dafür aber die Kosten. Die astronomischen Vorstellungen mancher Vermieter, was die Pacht betrifft, schließen zuweilen eine Übernahme von vornherein aus. In den meisten Fällen wird außerdem der Vorgänger einen Abstand verlangen, der genau auf seinen realen Wert überprüft werden muss. Selbst wenn ein Lokal noch so sehr das Objekt der Begierde ist: Der Verstand, nicht das Herz muss den Kauf entscheiden. Im Übrigen sind einmal genannte Preise nicht unverhandelbar. Übernahmekosten, zuweilen auch die Pacht, lassen sich diskutieren und je höher sie angesetzt wurden, umso mehr Spielraum gibt es nach unten. In den seltensten Fällen stehen mehrere ernsthafte Bewerber für ein und dasselbe Geschäft in der Warteschlange, es besteht also kein Zeitdruck, selbst wenn dieser Anschein erweckt wird. Wer über die finanziellen Mittel verfügt, ist im Vorteil!

Einen wichtigen Stellenwert hat die Gestaltung des Ambientes. Sie wird zuweilen in die Hand von Innenarchitekten gelegt, deren Form- und Farbauswahl sich nach den Resultaten einer Zielgruppenanalyse richtet und zu deren Realisierung erhebliche finanzielle Mittel erforderlich sind. Wer sich zu diesem Weg entschließt, geht zugleich ein großes Wagnis ein. Mit derartig gestylten Objekten sind Sie zum Erfolg verdammt, denn die Existenz ist abhängig davon. Für einen zweiten Versuch gibt es keinen Spielraum mehr. Normalerweise spiegelt jedoch der Gastraum den eigenen Geschmack wider, welcher sich im Idealfall mit der eingeschlagenen gastronomischen Richtung harmonisch verbindet. Ist diese Symbiose gelungen, findet das Publikum eine Heimat, der es über viele Jahre hinweg die Treue hält, ohne Veränderungen herbeizuwünschen.

Noch ein letzter Tipp: Auch wenn das Geschäft nicht optimal läuft, halten Sie an der einmal entwickelten Strategie fest. Es macht überhaupt keinen Sinn, bei schlechten Umsätzen mal dieses, mal jenes auszuprobieren. Eine Verunsicherung der Gäste ist die Folge, die nichts mehr schätzen als Verlässlichkeit! Investieren Sie lieber in einen guten Koch und freundliches Personal.

Wenn es also mit solchen Schwierigkeiten verbunden ist, ein eigenes Lokal zu führen, drängt sich die Frage auf, warum dies ein solch erstrebenswertes Ziel sein soll. Ganz einfach: Es ist eine Berufung, für die man sein Herzblut hergibt, ungeachtet der hohen Arbeitsbelastung und des Stresses, die unvermeidlich damit verbunden sind. Wir haben es niemals bereut, die Selbstständigkeit gewählt zu haben, auch wenn der Rücken schmerzt und die Füße brennen.

MENÜ 3. GANG

GASTRONOMIE VERSTEHEN:

HINTERGRÜNDE, HINWEISE, ERFAHRUNGEN

VOM SERVICE ...

Zur Verlässlichkeit gehört ein fester Ansprechpartner im Service, um Bekannte, Freunde und Stammgäste zu begrüßen und die andere Klientel in die persönliche Aufmerksamkeit einzubinden, in der Hoffnung, dass auch sie zu Stammgästen wird. Im Restaurant meines Mannes übernehme ich diesen Part seit vielen Jahren, denn ein ganz wesentlicher Punkt für den Erfolg eines Unternehmens ist die Bindung von Gästen. Besucher werden nur dann wiederkommen, wenn sie sich gut aufgehoben fühlen und davon ausgehen können, dass ihren Bedürfnissen Rechnung getragen wird. Es ist also nicht nur wichtig, dass die Küche ihr Bestes gibt, der Service hat in dieser Hinsicht eine ebenso große Verantwortung. Selbst wenn fast alle zur gleichen Zeit kommen – und das geschieht bei ausgebuchtem Restaurant verblüffenderweise mit tödlicher Sicherheit. Auch wenn die einen für 19:30, die anderen für 20:00 Uhr und die nächsten erst für 20:30 reserviert haben – es muss sofort jemand zur Stelle sein, der die Plätze zuweist und die Karten an den Tisch bringt.

Gäste, die bereits häufiger da waren, bevorzugen fast immer den Tisch ihres ersten Besuches und es ist Sache des Personals, diesen – oft unausgesprochenen – Wunsch zu berücksichtigen. Auch wenn unangemeldete Gäste mit der gleichen Aufmerksamkeit empfangen werden, ist es wichtig, den treuen Kunden ihre Lieblingsplätze zu reservieren, sofern nicht größere Gruppen eine vollkommen andere Sitzordnung erfordern. Im kleinen Estragon ist es bereits ein logistischer Aufwand, zehn Personen so zu platzieren, dass sich andere Gäste nicht gestört fühlen. Besteht ein Gastgeber auf einer bestimmten Platzwahl, ist zuweilen großes Fingerspitzengefühl notwendig, ihm eine andere Lösung nahe zu bringen. Die Koordination wird zum Balanceakt, der leider nicht immer alle befriedigt.

Während der Messen und in der Weihnachtszeit erhalten wir häufiger Buchungen von Gruppen, deren Größe von anderen Gästen gern überschätzt wird. Eine sehr verärgerte Besucherin schrieb uns, dass wir sie bei ihrer Reservierung darauf hätten hinweisen müssen, dass »16 bis 18 laute

Personen« einen erheblichen Anteil des Platzes im Restaurant beanspruchten, da sie in diesem Fall mit ihrem Partner auf einen Besuch verzichtet hätte. Bei einer so hohen Personenzahl geben wir Anrufern immer einen Hinweis, aber es handelte sich lediglich um elf Gäste und ja, sie waren etwas lauter, da man einen guten Geschäftsabschluss feierte, aber niemand fiel aus dem Rahmen, kein Anlass also für den Service, einzuschreiten. Wir können an dieser Stelle nur um Verständnis und ein bisschen Toleranz bitten, denn wir sind darauf angewiesen, bei guter Nachfrage das Restaurant möglichst auszulasten.

Höflichkeit und freundliches Auftreten, auch im größten Stress, sind oberstes Gebot. Wer seinen Launen nachgibt, hat im Service nichts zu suchen. Hier ist Dienst am Kunden gefragt, der erwarten darf, mit aller Aufmerksamkeit bedient zu werden, denn von seiner Zufriedenheit hängen Arbeitsplätze ab. Niemals darf der Gast merken, dass hinter den Kulissen etwas schiefgelaufen ist. Es gilt selbst dann Fassung zu bewahren, wenn man gerade vom Küchenchef auf Serviettengröße gefaltet wurde, weil ein ungenauer Bon das ganze Timing durcheinanderbrachte. Sobald sich die Küchentür schließt, sind Gelassenheit und ein freundliches Lächeln Pflicht, auch wenn der Puls noch rast.

Trotz aller Bemühungen sind Fehler nicht auszuschließen. Ich erinnere mich gut daran, wie mir eines Abends fast das Herz stehenblieb, als unser Azubi mit den Mänteln von Gästen über dem Arm und dem Hut eines der Herrn auf dem Kopf aus der Garderobe in den Gastraum trat. Um eine Hand frei zu haben, hatte er ihn sich einfach aufgesetzt und vergessen, ihn wieder abzunehmen. Wie er später sagte, handhabte er dies immer so. Eine Erklärung, die uns fassungslos machte, legten wir in der Ausbildung doch immer größten Wert auf korrekte Umgangsformen. Glücklicherweise nahm es der Herr mit Humor – es hätte auch anders ausgehen können.

Weit davon entfernt also, selbst ohne Fehl und Tadel zu sein, frage ich mich zuweilen doch, in welchen Dimensionen der Service schwebt. Es ist einige Zeit her, dass ich auf der Terrasse eines Restaurants am Opernplatz saß und offenbar unsichtbar war. Es gab Situationen, in denen ich dankbar dafür gewesen wäre, aber nicht hier, denn ich hatte Hunger. Und etwas Besonderes sollte es auch sein, als kleine Entschädigung für überstandenen Stress. Nach zehn Minuten kam ich ins Grübeln. Bin ich zu spät? Es war immerhin schon 14:30 Uhr. Aber dann hätte mich doch einer von den freundlich grüßenden Mitarbeitern beim Betreten des Restaurants darauf aufmerksam gemacht. Lag es daran, dass eine einsame Frau wenig Umsatz versprach: Kleiner gemischter Salat und ein Mineralwasser? Oder war ich dem Personal ohne männliche Begleitung suspekt? Ein verstohlener Blick in den Taschenspiegel bestätigte: Die Frisur ordentlich, der Lippenstift nicht verschmiert und der Ausschnitt dezent genug. Weder angeklebte Wimpern noch Fingernägel störten das Outfit.

Zwei Tische weiter verspeisten vier Herren in aller Ruhe ihr Dessert, und mir lief das Wasser im Mund zusammen. Es gab eigentlich nur zwei Alternativen: Den Kellner herbeirufen oder gehen. Beides behagte mir nicht, denn jetzt wollte ich es wissen. Ich beschloss zu warten. Irgendwann musste mich doch jemand bemerken, so die Überlegung, und dann würde ich mich rächen. Ich würde aufstehen, eine ätzende Bemerkung über mangelnde Arbeitsauffassung machen und würdevoll den Rückzug antreten.

Aber so weit kam es nicht, denn es geschah … nichts! Wahrscheinlich säße ich heute noch dort, wenn mir die Sache nicht doch zu langweilig geworden wäre. Nach einer halben Stunde schlenderte ich aus dem Restaurant, wieder vorbei an freundlich grüßenden Bedienungen und überlegte, welche Kriterien Voraussetzung sind, um in jenem Etablissement speisen zu dürfen.

Dieses erstaunliche Beispiel ist zwar besonders krass, vor allem, da sich die bessere Gastronomie eigentlich große Mühe gibt, einen derartigen Fauxpas zu vermeiden, aber durchaus kein Einzelfall, was die mangelnde Wertschätzung des Gastes betrifft. Der alte Witz: »Herr Ober, dürfen wir Ihnen etwas bringen?« fällt mir immer wieder ein, wenn Bedienungen wie blinde Hühner durch den Gastraum eilen und partout keinen Blickkontakt aufnehmen; wenn ich am Tresen stehe, um ein Getränk zu ordern, und die Bedienung mir minutenlang den Rücken zukehrt, weil sie gerade ein Schwätzchen hält; wenn Bestellungen nicht entgegengenommen werden, weil Kompetenzen oder die Qualitäten des neuen Lovers auszudiskutieren sind; wenn ich patzig belehrt werde, noch nicht an der Reihe zu sein.

Service kommt vom lateinischen *servire* = dienen. Dies bedeutet, eigene Bedürfnisse, die eigene Person zurückzunehmen und den Wünschen des Gastes absoluten Vorrang einzuräumen. Selbstdarsteller sind für diesen Beruf denkbar ungeeignet, denn im Mittelpunkt stehen andere. Die

Servicemitarbeiter haben einen erheblichen Anteil am Wohlergehen der Gaststätte, und sie müssen sich darüber im Klaren sein, dass die Gäste ihre Arbeitsplätze finanzieren.

Personal zu bekommen, das fachlich qualifiziert und auch noch motiviert ist, fällt nicht leicht. Ziemlich aufreibend ist die Suche über das Arbeitsamt, denn dessen Klienten sind häufig so demotiviert, vielleicht auch schlicht arbeitsunwillig, dass sie entweder zum vereinbarten Termin nicht erscheinen oder sich nur den Firmenstempel abholen zum Beweis, da gewesen zu sein. Stellenanzeigen sind eine Alternative, und Hilfen für den Service findet man oft über den erweiterten Bekanntenkreis. Auch Berufsfremden, die sich zutrauen, Gäste zu bedienen, gelingt das fast immer gut. Zudem ist es eine finanzielle Frage, ob es sich rechnet, eine ausgebildete Service-Fachkraft fest einzustellen – so schön es auch wäre, sie zu haben.

In den traditionellen großen Häusern gibt es sie noch, die Servicebrigade, aus dem Hintergrund kommandiert vom *directeur de restaurant*, der vor nicht allzu langer Zeit seine Mannschaft noch gerne in enge, lange Schürzen wickelte, um sie am hektischen Herumeilen zu hindern. Unter ihm wirken die *chefs de rang* (Oberkellner) welche wiederum Verantwortung tragen für die *serveurs de restaurant* (Kellner), denen die *commis* (Jungkellner) zuarbeiten. Sehr hochstehende Restaurants beschäftigen noch dazu einen oder sogar mehrere *sommeliers*, die nur für die Weinberatung zuständig sind.

Was zeichnet nun einen guten Service für die gehobene Gastronomie aus? Zwei Dinge: Kompetenz und Unaufdringlichkeit. Zur Kompetenz gehört nicht nur, dass ohne Unfälle Teller weggebracht werden können, es müssen auch Antworten auf Fragen gegeben werden. Der Gast möchte wissen, woher Fleisch, Geflügel oder Fisch kommen, welche Beilagen er zu welchem Gericht erwarten darf, welches der Unterschied zwischen Waller, Lotte und Dorade ist. Eine häufig wechselnde Karte verlangt einen steten Informationsfluss zwischen Küche und Service. Dies zu vermitteln ist jedoch relativ einfach.

Viel schwieriger wird es bei den Weinen. Eine avancierte Speisenkarte erfordert einen gut sortierten Weinkeller – ein Manko bei vielen Restaurants mit guter Küche. Ein Grund hierfür sind die hohen Kosten einer Restauranteinrichtung oder -übernahme. Es stehen schlicht keine finanziellen Mittel mehr für eine einigermaßen präsentable Weinkarte zur

Verfügung. So bieten diese Häuser zwar hochwertige Gerichte, passende Weine sucht man jedoch vergebens. Die andere Variante ist, dass Gastronomen häufig keinen blassen Schimmer von Weinkunde haben und ihre Köche schon gar nicht. Das Servicepersonal muss in jedem Fall in der Lage sein, eine Weinempfehlung abzugeben, bei Beratungswünschen ist es aber keine Schande, Chef oder Chefin hinzuzuziehen.

Es kann zu ausgesprochenen Peinlichkeiten führen, wenn sich nicht wenigstens eine Person im Geschäft wirklich gut mit Weinen auskennt. Eine Geschichte, die sich wirklich so zugetragen hat, erlebten wir in einem Restaurant mit schönem Ambiente und guter Küchenleistung. Die Weinkarte allerdings war eine Enttäuschung mit Anmerkungen wie: »Dieser Weißburgunder zählte 1999 zu den besten seines Jahrgangs«, als würde das zehn Jahre später noch irgendjemanden interessieren. Wir bestellten einen Chardonnay und man präsentierte eine Flasche Sauvignon, noch dazu eines ganz anderen Weingutes. Die Flasche ging zurück, um gleich wiederzukehren, mit der Aussage, dies sei ein Chardonnay. Nach dem Hinweis auf die deutlich erkennbare Rebsortenangabe »Sauvignon« wanderte die Flasche wiederum zum Tresen, um gleich darauf ein drittes Mal auf dem Tisch zu stehen, jetzt mit der verblüffenden Aussage, der Chef ließe ausrichten, »Sauvignon« bezeichne ähnlich wie »Champagne« das Anbaugebiet, und bei diesem Wein handele es sich um einen Chardonnay aus dem Sauvignon. Angesichts dieser Ahnungslosigkeit blieb nichts anderes übrig, als die Waffen zu strecken und darauf zu verzichten, das Sauvignon auf der Landkarte suchen zu lassen.

Edle Weine erfreuten sich zu allen Zeiten großer Beliebtheit. Den Beweis liefert die Weinkarte des *Oriental Hotels* in Kobe (Japan) von 1885, die sich im Besitz des Rüdesheimer Weinmuseums befindet. Hier sind dieselben Weine gelistet, die sich auch heute noch größter Wertschätzung erfreuen. ***1**

Dem Wein kommt als Essensbegleiter ein hoher Stellenwert zu, denn Weine und Speisen verbinden sich im besten Falle zu einem harmonischen Ganzen und vervollkommnen den Genuss. Auch wenn Abneigung gegen Alkohol zu respektieren ist, sind Cola zum Hirschrücken und Apfelsaft-Schorle zur Dorade keine ideale Wahl. Empfehlungen sind dabei durchaus wünschenswert. Es muss ja nicht gleich ein ausgebildeter Weinkellner sein, den sich nur große Häuser leisten können, aber Grundkenntnisse sind für das Servicepersonal unabdingbar. Kein Fehler ist es, wenn auch der Gast über die wichtigsten Informationen verfügt, um einen Wein einordnen zu können. ***2**

Weine bedürfen einer bedachtsamen Kalkulation. Hinlänglich bekannt ist, dass in manchen Restaurants der Betrag, den der Gast für sein Essen bezahlt, in keinem Verhältnis zur erbrachten Leistung steht. Gleiches gilt jedoch auch für den Wein. Die wenigsten Wirte machen sich die Mühe, ihre Weinkarte individuell zusammenzustellen, sondern lassen sich vom Großhandel beliefern, der vor allem auf das setzt, »was im Allgemeinen sehr gern genommen wird«, nämlich standardisierte Massenware. Dieses Vorgehen kann man zwar kritisieren, verübeln aber nicht, da es bei den Gästen auf Akzeptanz stößt. Wenn Sie die Karte studieren, können Sie oft bereits erkennen, ob sie von einem Großhändler zusammengestellt wurde. Finden sich nämlich Allgemeinplätze zur Beschreibung der Weine, so sind sie fast immer vorgegeben und lassen Rückschlüsse auf den mangelnden Sachverstand des Patrons zu.

Je hochwertiger die Weine, desto mehr Leistung sollten Sie für Ihr Geld erhalten, denn seriöse Gastronomen veranschlagen hier die Gewinnspanne wesentlich geringer. Flaschenweine, die im Restaurant bei 100 € liegen, sind im Normalfall sehr viel knapper kalkuliert als solche zu 25 €, wobei Hochpreisige die Preisgünstigeren subventionieren. Werden Weine dekantiert, ist es kein Fehler, darauf zu achten, dass es in Ihrer Sichtweite geschieht, um jede Manipulationsmöglichkeit auszuschließen, denn gewissen Informationen zufolge werden hinter dem Tresen Weine ausgetauscht. Ähnlich geht es beim Hochprozentigen zu. Auch hier ist offenbar die Versuchung groß, billige Spirituosen in die Behältnisse mit den teuren Etiketten zu füllen.

Sollten Sie Gastgeber einer großen Gesellschaft in einem Restaurant sein, empfiehlt es sich immer, im Blick zu behalten, was getrunken wurde, denn bereits am nächsten Tag ist der Verbrauch von Flaschenweinen nicht mehr nachprüfbar. Geht der komplette Verzehr auf Rechnung, die erst einige Zeit später beglichen wird, bietet sich die Gelegenheit, Summen nachzubonieren, vertrauend darauf, dass es niemand mehr nachvollziehen kann. Sie haben jedoch ein einfaches Mittel, diesen Betrug weitgehend zu unterbinden: Unterzeichnen Sie die Rechnung am Ende des Abends. Dies schützt zwar nicht vor zusätzlich berechneten Getränken, schließt aber wenigstens das nachträgliche Bonieren aus. Seriöse Restaurants bestehen übrigens zu ihrer eigenen Sicherheit und der ihrer Gäste auf dieser Vorgehensweise.

Um den Ausflug in die Welt der Weine abzuschließen, noch eine kritische Anmerkung zur Preisgestaltung. Obgleich immer eine Mischkalkulation stattfindet, also Produkte mit preisgünstigem Wareneinsatz die kostspieligen unterstützen, ist es doch ziemlich gewagt, ein Glas Wein zum doppelten Preis der ganzen Flasche anzubieten. »Hausweine« fallen häufig unter diese Kategorie. Dies ist umso fataler, als den Gästen suggeriert wird, die Güte des Hauses verbürge einen guten Tropfen. Auch der heiß geliebte *Pinot grigio* im offenen Ausschank, zählt nicht selten zu diesen Blendern, denn unsere Liebe zu Italien, die Erinnerung an schöne Urlaubstage, lässt uns den Charme des Südens im Glas vermuten und die kritische Geschmacksanalyse in den Hintergrund treten. Ich habe schon häufig erlebt, dass Gäste, ohne einen Blick in die Karte zu werfen, einen *Pinot grigio* ordern und enttäuscht sind, wenn ich stattdessen einen qualitativ einwandfreien deutschen Grauburgunder anbiete, exakt die gleiche Rebsorte.

Einen guten Service bemerkt man kaum. Er hat alles im Blick, ist da, wenn er gebraucht wird, und hält sich ansonsten im Hintergrund. Natürlich funktioniert das nicht immer ganz reibungslos. Besonders bei vollbesetztem Lokal wird doch einmal etwas übersehen. Das ist der Nachteil zu den richtig großen Häusern mit den richtig großen Preisen. Sie können sich eine ganze Mannschaft leisten, der es eine Ehre ist, zu einem sehr moderaten Gehalt dort arbeiten zu dürfen.

Aber auch in dieser Kategorie gibt es durchaus Unterschiede. Im Vergleich zweier Restaurants, beide mit einem *Michelin*-Stern dekoriert, findet man hier einen makellosen Service, während er im anderen Haus die notwendige Umsorgung der Gäste bei weitem übertreibt. Die mit Sicherheit gutgemeinte ständige Präsenz ist nicht vonnöten, genauso wenig wie das Procedere, »ein Sößle um den Tellerrand zu träufeln«.

Ich habe mit mir gerungen, ob ich es aussprechen soll, denn es ist immer schwierig, nur ein Restaurant herauszuheben, aber für uns ist der *primus inter pares* unter den Besternten der *Schwarze Adler* in Oberbergen im Kaiserstuhl. Obgleich über seiner Küche nur ein Michelin-Stern strahlt, kommt er mit seiner Leistung den dreigestirnten nahe, und seine Servicebrigade ist legendär. Nähe und Distanz sind ausgewogen, man fühlt sich zuhause und umsorgt, ohne bedrängt zu werden. Die Küchenleistung hat in den annähernd zwei Jahrzehnten unserer Besuche niemals einen Schwachpunkt offenbart, und die Preise sind geradezu moderat. Weinliebhaber würden überwältigt von einer Karte, die über 1800 Positionen umfasst, erfolgte nicht stets eine ausgezeichnete Beratung. Wählt man einen Wein des eigenen Guts, ist man bestens bedient und zudem mit wirklich kleinem Geld dabei. Wir besuchen den *Schwarzen Adler* nach Möglichkeit zweimal im Jahr, und es sind Höhepunkte, auf die wir uns lange im Vorfeld freuen.

Das Äußere der Servicekraft ist von großer Bedeutung. Wir leben nicht mehr in der Welt der weißen Spitzenschürzchen, aber dezente Kleidung in gedeckten Farben ist unumgänglich. Über Geschmack soll man bekanntlich nicht streiten, etwas merkwürdig ist es jedoch schon, dass sich in vielen Restaurants der gehobenen Gastronomie die Sitte eingebürgert hat, das Serviceteam in Trachten zu stecken, auch in Gegenden, wo diese Kleidung keine Tradition hat. Dabei korrespondiert dieser herzige »Landhausstil« keineswegs mit einem edlen Ambiente. Ein guter Anhaltspunkt ist die Faustregel, niemals modischer als der Gast gekleidet zu sein. Völlig off limits sind Piercings, tiefe Dekolletés, Tätowierungen oder angeklebte Fingernägel, die noch dazu über Kerzen in Flammen aufgehen können und keineswegs gepflegt wirken, sondern die schlimmsten Vermutungen nahelegen, wie es wohl darunter aussieht.

Jedes Mitglied der Servicecrew sollte die geltenden Tischsitten kennen, aber gleichzeitig über die Souveränität des Hinwegsehens bei Ungeschicklichkeiten verfügen. Die Umgangsformen beim Essen unterliegen einem ständigen Wandel, sodass Verhaltensweisen, welche gestern noch verpönt waren, heute gesellschaftliche Anerkennung finden. ***3**

Je höher die Gastronomie angesiedelt ist, desto genauer werden die Regeln beachtet und umso größer sind die Ansprüche an Erscheinung und Umgangsformen der Servicekräfte. Auf der Personalsuche mittels Anzeige für eine Teilzeitanstellung fanden sich, in grober Fehleinschätzung ihrer Erscheinung, bedienungswillige Damen mit äußerst gewagter Optik ein. Achtzehnjährige zeigten ihren gepiercten Bauchnabel, der in sanftem Babyspeck versank, andere junge Damen erschienen mit Plateausohlen, die zwar zur Dicke ihrer Waden, diese allerdings nicht zum Minirock passten. Aspirantinnen fortgeschrittenen Alters präsentieren so aufregende Details wie die Kür der dreifachen Speckrolle unter hautengem Top, über straffem Bund der figurbetonten Jeans, welche die Rundung des Bauches auf deutlichste hervorhob. Komplettierende Zugaben bei diesen und anderen Outfits waren tiefe Ausschnitte, die einen ebensolchen Einblick auf das gepushte Dekolleté freigaben, falsche Fingernägel (geradegefeilt wie Grabschaufeln, weil das angeblich natürlicher aussieht), und grellstes Make-up.

Auffallend war, dass sich diese Geschmacksverirrungen unabhängig vom Alter fanden. Eine Erklärung ist vielleicht in der Verwischung der Generationsunterschiede zu finden. Während sich die Kids größte Mühe geben, die Köpfe zu scheren, tragen ihre Mütter wallende Locken. Wenn die jungen Dinger sich Eisenstäbe durchs Fleisch treiben und auf klobigem Schuhwerk donnernd die Straßen durchschreiten, stöckeln ihre Erzeugerinnen, den Fallen des Pflasters trotzend, über den Laufsteg der Fußgängerzonen, Ausschau haltend nach einem weiteren goldenen Herzchen, das sie sich um den Hals hängen könnten. Und was ist, wenn die Mode wechselt? Keine Panik. Möglicherweise können wir uns dann auf Großmütter mit High Heels und Nasenring freuen.

Ein letztes Wort zum Thema Trinkgeld. Jeder Servicemitarbeiter freut sich darüber, denn damit wird seine Leistung und die der Küche gewürdigt, die selbstverständlich ihren Anteil erhält. Vielen Gästen ist jedoch nicht bewusst, dass Trinkgeld, welches über die Kreditkarte läuft, automatisch zum Umsatz rechnet und mit 16 % versteuert werden muss. Hinzu kommt eine Kartengebühr von 2 – 4 %, sodass um die 20 % nicht dem dafür bestimmten Zweck zugutekommen. Eine Anerkennung zu geben ist weltweit üblich, bemerkenswerterweise sind es jedoch vor allem Amerikaner und Franzosen, die kaum jemals einen Obolus zurück lassen – Länder, in denen Gäste geteert und gefedert werden, wenn sie darauf verzichten. Diese Verhaltensweise hat sich uns bis jetzt nicht richtig erschlossen, könnte aber ihre Ursache im Hinweis vieler Reiseführer früherer Zeiten haben, dass Trinkgeld in der Rechnung eingeschlossen sei und man deshalb befürchtet, den Service eventuell damit zu kränken. Seien Sie versichert, das ist nicht der Fall!

… UND VOM KÜCHENPERSONAL

Wussten Sie eigentlich von der latenten Feindschaft zwischen Küche und Service? Ein Satz von Loriot: »Männer und Frauen passen einfach nicht zueinander« trifft anscheinend auch auf Service und Küchenpersonal zu. Nicht selten fehlt das Einfühlungsvermögen der einen für die anderen. Während Köche erwarten, dass die angerichteten Teller sofort abgeholt werden, ist eine Servicekraft möglicherweise gerade damit beschäftigt, die eben georderte Weinflasche zu dekantieren, während eine andere Tische abräumt. Natürlich haben beide die Küchenglocke oder das Klopfen vernommen, keiner ist jedoch in der Lage, alles sofort stehen und liegen zu lassen, um dem Ruf zu folgen und die Teller in Empfang zu nehmen. Ist nicht innerhalb von 10 Sekunden jemand zur Stelle, wiederholen sich die Signale mit deutlich erhöhter Lautstärke und spätestens nach einer Minute ist der geharnischte Anpfiff fällig, was unweigerlich dazu führt, dass sich der Service ungerecht behandelt fühlt und es der Küche heimzahlen wird, sobald dort der kleinste Fehler passiert. Die Kluft zwischen Weiß- und Schwarzkitteln zieht sich durch die gesamte Gastronomie, und selbst regelmäßige Zusammenkünfte und Aussprachen helfen nur sehr bedingt, denn leider ist es immer noch die Regel, dass die »Halbgötter in Weiß« der Küche auf die »Tellertaxis« im Service herabsehen.

Anthony Bourdain formuliert dieses Phänomen aus Sicht der Küchenbelegschaft sehr treffend in seinen »Geständnissen eines Küchenchefs« und spricht von einer »xenophobischen, leicht paranoiden Perspektive, unter der alles betrachtet wird, was außerhalb der Küchentür existiert.« Unter seiner Ägide arbeiten »Springer«, die er beschreibt als »Mischwesen, die sich wie Kellner anziehen und auch aus der Service-Lohntüte bezahlt werden, deren Loyalität aber (im Idealfall) beim Küchenchef und der Küche liegt. […] Sie entwickeln denselben grausigen Humor und ein eingefleischtes Misstrauen gegenüber allem Nichtküchenpersonal. Ich unterstütze das gerne und sorge dafür, dass meine Springer besser essen, schmeichle ihnen ab und zu, interessiere mich für ihr Privatleben und ihre Finanzen. Und ich bin, falls nötig, bereit, mich mit der vollen Wucht meiner merkwürdigen und schrecklichen Macht hinter sie zu stellen. Diese Teilzeitschauspieler im Service wollen einen meiner Springer linken, ihm nicht seinen vollen Anteil am Trinkgeld geben? Gott steh ihnen bei.« ***4**

Wer als Koch seine Berufung gefunden hat, blickt auf eine anstrengende Ausbildung zurück. Und eine Lehre, gerade in diesem Metier, ist durchaus nicht jedermanns Sache. Stärker noch als in anderen Berufen gilt die Hackordnung. Der Aspirant muss darauf gefasst sein – wie es vielleicht etwas überspitzt, aber im Kern zutreffend, wiederum Anthony Bourdain auf den Punkt bringt –, »alles zu ertragen: bösartige, besoffene Küchenchefs, bescheuerte Besitzer, niedrigen Lohn, schreckliche Arbeitsbedingungen [..., sich] von sadistischen, wasserköpfigen französischen *sous-chefs* wie ein Sherpa schikanieren lassen«. ***5** Er erzählt von seiner Ausbildung am New Yorker *Culinary Institute of America*, kurz *CIA* genannt, und dem französischen Chefkoch, der seine Schäfchen vor versammelter Mannschaft niedermetzelte:

»›Du bist ein Scheißkoch!‹, brüllte er. ›Ich mach zwei Koch wie Dir jeden Morgen in die *toilette.* Du bist widerlisch! Ein *Schuster*! Du hast meine Leben zerstört! Du wirst *niemals* eine Chefkoch werden! Du bist eine *Schande*! Schau! Schau dir diese *merde ... merde ... merde!* An dieser Stelle steckte er dann einen Finger in das schmähliche Objekt und schleuderte Brocken davon auf den Boden. ›Du *wagst* es, das *cuisine* zu nennen? Das ist ... das ist grotesk! Eine Beleidigung! Du ... du solltest Dich vor Scham umbringen!‹« Jeder bekam sein Fett weg, auch die Mädchen. »Sie standen da, zitternd und bebend, während er tobte und schrie und Himmel und Erde verfluchte wie auch ihre Ahnen und ihren zukünftigen Nachwuchs.« ***6**

Alle großen Häuser, angeführt von den besternten, verfügen über eine vielköpfige Küchenbrigade. Man unterscheidet den *Garde-manger* (Vorspeisenkoch), *Rôtissier* (Fleisch- und Bratenkoch), *Poissonier* (Fischkoch), *Entremetier* (Gemüse- und Suppenkoch), *Saucier* (Saucenkoch), *Pâtissier* (Süßspeisenkoch), welchen wiederum *Glacier* und *Confiseur*, zuständig für die Eis- und Konfektbereitung unterstützen. Der Part des *Sauciers* neben dem des *Pâtissiers* ist der kreativste und anspruchsvollste.

Dieser Mannschaft stehen die *Commis* (Jungköche) zur Seite. Sie sind die engagiertesten ihrer Zunft, denn ihr Salär ist umso bescheidener, je höher das Restaurant rangiert. Viel wichtiger ist ihnen der Nachweis, dort gekocht und Erfahrungen gesammelt zu haben. Die ganz Ambitionierten machen in mehreren solcher Etablissements Station, um ihre Qualifikation zu steigern. Sie haben die größten Chancen, später die Spitze der Hierarchie mit entsprechendem Gehalt zu erklimmen. Alle unterstehen dem *Souschef*, dessen direkter Vorgesetzter der *Chef de Cuisine* (Küchenchef), in manchen Häusern eben ein »Sternekoch« ist.

Auguste Escoffier, ab 1892 Küchenchef des gerade eröffneten *Savoy* in London und von 1898 bis 1921 des *Carlton*, war der erfolgreichste Koch aller Zeiten. In seinen 63 Dienstjahren verhalf er der französischen Küche endgültig zur unangefochtenen Weltführerschaft. Dieser Meister seiner Zunft setzte den Saucier an die Spitze der Hierarchie und verglich ihn mit einem erleuchteten Schöpfer, der die feine Küche erst ermöglicht. Er mahnte an, dass es unerlässlich sei, ihm alle erforderlichen Mittel und erstklassige Ware an die Hand zu geben, denn nur so sei es möglich, das Talent auch wirklich auszuschöpfen. Der gute Wille allein reiche nicht aus, da selbst der größte Künstler ohne hochwertige Grundprodukte keine makellosen Resultate herbeizaubern könne.

Die Basis jeder guten Sauce ist der Fond. Aus diesem Grund, rät Escoffier, »sollte man dem Koch speziell für die Fonds alles, was er dazu nötig hat, in genügender Quantität und Qualität zur Verfügung stellen. Wir wissen wohl, dass das, was in einem Hotel oder Restaurant möglich, in dem anderen nicht möglich ist. Die Arbeit richtet sich nach der Kundschaft, die man zu bedienen hat. Man wird gezwungen sein, hier und da etwas wegzulassen, aber man sollte speziell bei den Fonds so wenig als möglich von den Vorschriften abweichen. Ein Geschäftsinhaber, der in dieser Beziehung zu sehr knausert und die Sparsamkeit übertreibt, verliert auch das Recht, seinem Küchenchef Reklamationen zu machen. So wenig sich ein schlechter Wein auf der Flasche zu einem edlen Tropfen entwickelt, so wenig kann mit minderwertigem Material ein wirklich gutes Gericht hervorgebracht werden.« *7

Diese Sätze sind heute wie vor hundert Jahren Maßstab für die Güte einer Küche. Wenn nun aber das Gelingen hochwertiger Speisen von der Beschaffenheit ihrer Zutaten abhängt, ist es die Pflicht jedes verantwortungsvollen

Küchenchefs, diese sorgfältig auszuwählen. Bei kleinen Restaurants mit überschaubaren Bedürfnissen sind Lieferanten weitgehend überflüssig. Nahezu tägliche Einkäufe ermöglichen die Auswahl vor Ort, und je nach Angebot wird die Karte gestaltet.

Die Natur hilft mit ihren Vorgaben. Bereits im März wächst der erste Bärlauch, junge Brennnesseltriebe und Gänseblümchen bereichern die Salate. Etwas später blühen Veilchen, die ebenso wie Holunderblüten und Waldmeister den Parfaits interessante Geschmacksnuancen verleihen. Sauerampfer ist nicht nur für Suppen ein delikater Geschmacksträger, sondern ideal auch zu Fischsaucen. Die Blätter von Borretsch und Kapuzinerkresse verfeinern Salate, ihre tiefblauen und orangefarbenen Blüten ergeben einen wunderschönen Blickfang auf den Tellern, ebenso wie blühender Lavendel, Rosmarin und Thymian. Alle diese Gewürz- und Dekorationskräuter können problemlos in Kästen gezogen und den ganzen Sommer über geerntet werden, sofern sich ein sonniges Plätzchen findet.

Waldhimbeeren, -brombeeren und -erdbeeren haben einen unvergleichlich intensiveren Geschmack als die auf dem Markt erhältlichen, auf Ertrag gezüchteten Arten. Aus ihnen gefertigte Sorbets sind in ihrer Fruchtigkeit nicht zu übertreffen. Bestens geeignet hierfür sind auch die kleinen Schwarzen Johannisbeeren, wie sie noch an den Sträuchern in den Bauerngärten wachsen.

Eine große Vielfalt an Einsatzmöglichkeiten bieten Holunderbeeren. Zum Parfait verarbeitet, als Saucenbestandteil bei Wildgerichten und in Form von Gelee mit einer Gänseleberterrine serviert – jede Variante verhilft den sehr unterschiedlichen Speisen mit dem typischen Beerenaroma zu einer Steigerung des Geschmackserlebnisses.

Die Liste der wild wachsenden essbaren Pflanzen ist sehr lang und ihre Verwendung eröffnet fantasievolle Perspektiven. Sie selbst zu sammeln und zu verarbeiten macht nicht nur Spaß, sondern spart auch Kosten, sofern die Zeit dafür zur Verfügung steht. In unserem Restaurant übernehme ich diese Aufgabe mit Freude – undenkbar für meinen Mann, dessen Tag mit dem Einkaufen am Vormittag beginnt und nicht selten erst um Mitternacht endet. Große Häuser können sich diesen Aufwand selbstverständlich nicht leisten und sind auf Lieferungen angewiesen, die jedoch äußerst kritisch in Augenschein genommen und gegebenenfalls rigoros zurückgewiesen werden. Viele andere dagegen, die genügend Zeit erübrigen könnten, würden niemals auch nur daran denken, sich dieser Mühe zu unterziehen, gibt es doch alles tiefgekühlt, getrocknet oder als Saft zu kaufen.

DIE HELFER

In allen kleinen Gaststätten, welche nicht über die Crew der Postenköche verfügen, sind die Helfer ein wichtiger Faktor für einen reibungslosen Küchenablauf. Sie halten den Köchen den Rücken frei und arbeiten ihnen zu. Ihre Aufgabe besteht nicht nur im Geschirrabwaschen, sondern sie bereiten die Garnituren vor, übernehmen das Anrichten der Salate und assistieren bei der Tellerdekoration. Es sind meist ungelernte Kräfte, die eingearbeitet werden und im besten Fall sich dem Betrieb so einfügen, dass sie über Jahre dabeibleiben. Da diese Jobs beträchtlichen Einsatz fordern und außerdem vom Sozialprestige her weit unten auf der Skala rangieren, finden sich kaum Deutsche, die bereit sind, in der Küche zu stehen, auch nicht bei adäquater Bezahlung – durchaus keiner Selbstverständlichkeit. Viele große Restaurants arbeiten mit einem Koch und mehreren angelernten Helfern, die gerade einmal das Existenzminimum erhalten. Eine Identifikation mit dem Betrieb findet nur selten statt, Nachlässigkeiten sind vorprogrammiert und Verständigungsschwierigkeiten häufige Fehlerquelle.

Es ist ein hartes Stück Arbeit, Küchenhelfer so anzulernen und zu motivieren, dass sie den Anforderungen genügen. Und es geschieht nicht selten, dass die raren Exemplare, bei denen dies endlich gelungen ist, verschwinden, um in anderen Gaststätten selbst als Köche zu arbeiten. Selbst dann, wenn die Anlernphase bereits lange abgeschlossen ist, rächen sich Unaufmerksamkeiten sofort. Ohne ständige Kontrolle funktioniert nichts. Im Weihnachtsgeschäft genügte ein Moment der Nachlässigkeit, um 20 l in mühsamer Arbeit hergestellter Wildessenz zu vernichten, indem der Helfer, eigener Kreativität folgend, Fischfond dazuschüttete.

In solchen Fällen ist das höchste Gebot, Ruhe zu bewahren. Meinem Mann, wie die meisten Köche von eher cholerischem Temperament, kommen sein langjähriges Training der Selbstdisziplin und eine gewisse Altersmilde – zumindest nimmt er sie für sich in Anspruch, auch wenn sie sich uns anderen noch nicht so richtig erschließt – zu Hilfe, um nicht gegen den Kühlschrank zu treten, keine Bratpfannen zu werfen, das große

Kochmesser liegen zu lassen und zu versuchen, konzentriert weiterzuarbeiten. Alles leichter gesagt als getan, wenn man nicht mehr aus Leidenschaft, sondern vor Wut kocht und dem Helferlein am liebsten das Fell über die Ohren ziehen möchte, das nur verlegen grinst und die Standardformel »kein Problem, Chef« vor sich hinmurmelt – immer ein sicheres Indiz dafür, dass gerade ein schwerwiegendes Problem aufgetreten ist.

In solchen Situationen wird das aufmerksame Servicepersonal sofort die Küchentür schließen und den Lautstärkeregler des CD-Spielers höher stellen, damit die Gäste nichts von der unvermeidlichen Schimpftirade mitbekommen, die mit beachtlicher Lautstärke der Tat auf dem Fuße folgt und deren Wortwahl nicht immer ganz stubenrein ist.

Die Mehrzahl der Helfer ist dem Druck nicht gewachsen. Will es der Zufall, dass ihre ersten Arbeitstage bei mäßigem Geschäft verlaufen, wiegen sie sich trotz Vorwarnung in Sicherheit, was regelmäßig zur Folge hat, dass ihnen der Himmel auf den Kopf fällt, sobald sich das Bonbrett bis zum Anschlag füllt. Einige ziehen sofort die Konsequenz, indem sie sich nur noch ihren Lohn auszahlen lassen und das Weite suchen, andere sind von ihren Fähigkeiten derart überzeugt, dass sie ihre Überforderung nicht bemerken und den Küchenbetrieb massiv behindern. Eine dritte Kategorie behält die Ruhe, und zwar immer. Selbst im größten Betrieb stützen sich deren Vertreter mit dem einen Ellbogen auf den Arbeitstisch, um mit der anderen freien Hand die Spülmaschine zu bestücken. An weitere Tätigkeiten ist nicht zu denken, denn dies entspräche nicht ihrem Verständnis von Arbeitsplatzbeschreibung. Einfach ist die Suche nach einem geeigneten Mitarbeiter also keinesfalls, und jeder Küchenchef schätzt sich glücklich, wenn er einen Helfer gefunden hat, der ihm den Rücken freihält.

Das Rückgrat, von dem Wohl und Wehe eines Restaurants abhängen, sind die Köche. Allein von der Optik her wird man gute Köche immer an zwei Dingen erkennen: Einer makellosen Uniform und einem ausgezeichneten Messerset. Ohne eigene Messer tritt keiner seine neue Arbeitsstelle an, denn dieses Handwerkszeug ist nicht Statussymbol, sondern unabdingbare Notwendigkeit, um einwandfreie Arbeit abzuliefern. Zu meinen persönlichen Lieblingen zählen jene aus Damaszenerstahl. Die Klinge, mehrfach geschmiedet, changiert in wunderschönen Mustern, ähnlich wie Moiré-Seide. Sie geht nahtlos in den Metallgriff über und schneidet einen Wattebausch. Solche Messer, im Preis zwischen 200 und 300 € liegend, hütet der Besitzer wie seinen Augapfel und überlässt sie keinem anderen Mitglied der Küchencrew.

Ambitionierte Köche zeichnen sich durch ein ausgeklügeltes *Mise en place* aus, die Vorbereitung für das eigentliche Geschäft. Es umfasst das Fertigstellen der Saucen, das *Parieren* (Entfernen von Fett und Sehnen) des Fleisches, das *Tournieren* (in Form schnitzen) des Gemüses, die Zusammenstellung der Garnituren, das Festlegen von Arrangement und Farbgestaltung – ein Punkt übrigens, der besondere Aufmerksamkeit verdient, denn der optische Eindruck trägt entscheidend zum positiven Geschmackserlebnis bei.

Diese Vorbereitungen nehmen viele Stunden in Anspruch, die immer wieder durch Anrufe unterbrochen werden. Täglich versuchen Lebensmittelhändler Aufträge zu ergattern oder Zeitschriften, Annoncen zu akquirieren, faszinierenderweise genau dann, wenn der Fisch geschuppt oder das Wild zerlegt wird.

Die Anzahl des Personals ist abhängig von der Größe des Unternehmens und der Komplexität der angebotenen Speisen. Ein Apfelweinlokal oder Biergarten mit 300 Plätzen kommt zur Not mit einem Koch und zwei Helfern aus, während die großen Häuser für 30 Gäste eine Heerschar von Mitarbeitern beschäftigen. Der Küchenchef dieser Kategorie von Restaurants kocht nicht mehr selbst, sondern ihm obliegt Planung, Koordination, Kalkulation und schließlich die Endkontrolle der Produkte. Kein Gericht verlässt die Küche, das seinem kritischen Blick nicht standgehalten hat. Saucenspritzer, verrutschte Garnituren oder bröckelnde Reishügel gelangen erst gar nicht zum Gast. Stimmt der makellose optische Eindruck nicht mit dem geschmacklichen überein, ist dies ein unverzeihlicher Fehler, denn ein perfektes Essen ist ein Gesamtkunstwerk, das alle Sinne befriedigen soll.

Ist das *Mise en place* schlampig, gefährdet das den gesamten Betrieb, denn sobald die ersten Bons in die Küche kommen, ist es unabdingbar, dass sich alles griffbereit an seinem Platz befindet. Köche, deren Arbeitsplatz aussieht, als hätte eine Bombe eingeschlagen, sind genau so im Kopf organisiert; ihnen fehlt der Überblick. Ein ähnlicher Anhaltspunkt ist die Kleidung. Selbstverständlich ist es keine Schande, wenn die Kochjacke Spritzer bekommt, Schürzen jedoch, die schon nach zwei Stunden vor Dreck starren, weil an ihnen statt am Handtuch die Hände abgeputzt werden, signalisieren eine Nachlässigkeit, die sich wahrscheinlich nicht nur auf die eigene Person erstreckt.

Für den Betrieb ist es äußerst wichtig, dass gut kalkuliert wird. Auch das ist Sache des Küchenchefs. Er hat den Überblick, welche Dinge fehlen, was die Sachen kosten und wie viel man für sie verlangen kann. Und, ganz entscheidend: In seiner Verantwortung liegt es, dass möglichst wenig weggeworfen wird. Zuviel gekaufte Lebensmittel werden nicht gehortet, bis sie vielleicht doch noch Absatz finden, sondern umgehend zu Farcen oder Pasteten verarbeitet, da der Gast Anspruch auf beste Produkte hat, wenn er schon bereit ist, sein hart verdientes Geld in einem Restaurant auszugeben.

DIE KÖCHE

Im Gegensatz zu vielen anderen Berufen reicht es bei Köchen nicht aus, ihr Handwerk aus dem Effeff zu beherrschen. Das ist die Grundvoraussetzung. Doch zwei Dinge müssen hinzukommen: Ehrgeiz – und die Bereitschaft, zwölf Stunden und mehr zu arbeiten und glücklich dabei zu sein.

Der Ehrgeizige wird immer danach trachten, Küchenchef zu werden. Zu diesem Ziel führen viele Wege, aber alle sind extrem anstrengend und zeitraubend, denn Kochen auf hohem Niveau ist Knochenarbeit und Adrenalin pur.

Der Ablauf eines typischen Abends soll dies verdeutlichen. Angenommen, in einem Restaurant, das 30 Gästen Platz bietet, sind ein 6-Personen-Tisch, ein 4-Personen-Tisch und drei 2-Personen-Tische belegt. Das klingt nicht gerade überwältigend, kann aber sehr anstrengend werden, wenn alle Besucher zur gleichen Zeit kommen.

Da lediglich die exklusivsten Restaurants es sich leisten können, ihre Gäste darauf hinzuweisen, dass Menüs nur tischweise serviert werden, könnte die Bestellung des großen Tisches so aussehen: Einer nimmt ein 4-Gänge-Menü, bestehend aus kalter Vorspeise, Suppe, Fisch, Dessert, einer das 5-Gänge-Menü mit kalter Vorspeise, warmer Vorspeise, Fisch, Fleisch und Dessert, die anderen jeweils eine Vorspeise und als Hauptgericht etwa Seeteufel, Goldbrasse, Hirschrücken und Entenbrust. Kommt der Bon in die Küche, wird ein exaktes Timing der Gänge geplant, das die verschiedenen Garzeiten der Gerichte beinhaltet. Fisch ist nicht gleich Fisch und Fleisch nicht gleich Fleisch. Während die Entenbrust noch rosa ist, kann der Hirschrücken bereits durch sein, und der Fisch ist ohnehin zerfallen oder trocken, wenn er zur gleichen Zeit angebraten wurde. Für jedes dieser Gerichte werden zwei bis drei Pfannen benötigt, sodass bei einem 6-Flämmer-Herd, Standard einer kleineren Restaurantküche, sofort alle Plätze belegt wären, wenn kein ausgeklügelter Zeitplan die Reihenfolge genauestens festlegte.

Hinzu kommen die unterschiedlichen Beilagen. Reis, Nudeln, Kartoffeln, die diversen Gemüse, die passenden Saucen, jedes Detail am Nachmittag vorbereitet zwar, aber nun vollendet und abgeschmeckt. Hat alles geklappt und der Gang ist servierbereit, folgt das Anrichten auf den Tellern, wobei die Ästhetik eine große Rolle spielt. Selbst im größten Stress werden die Kohlrabihalbmonde, Zucchinischiffchen, Karottenblüten und Brokkoliröschen mit den Beilagen und dem Fleisch oder Fisch so auf dem Teller arrangiert, dass ein ansprechendes Bild entsteht und zum Schluss noch der Tellerrand von Saucenspritzern gesäubert, damit kein unschönes Detail stört.

Um dem Gast die Wartezeit auf den ersten Gang zu verkürzen, hat er gleich zu Beginn einen »Gruß aus der Küche« erhalten, der zusätzlich neben den Vorspeisen läuft. Wenn Sie bedenken, dass zur gleichen Zeit nicht nur einer, sondern mehrere Tische in Vorbereitung sind und sich dann ein vollbesetztes Haus vorstellen, können Sie vielleicht die Konzentration und Hochspannung nachvollziehen, unter der die Küchenmannschaft steht und die Tatsache, dass gewisse Wartezeiten für die Gäste manchmal unvermeidbar sind. Die Mehrzahl ist sich dessen durchaus bewusst und hat damit keinerlei Probleme. Ein kleiner Prozentsatz gehört jedoch immer zu den Eiligen und erhöht damit den Stress, dem die Belegschaft in solchen Situationen ohnehin ausgesetzt ist. Wird hier nicht Hand in Hand gearbeitet und kann man sich nicht blind aufeinander verlassen, funktioniert nichts. Die Komplexität der Arbeitsabläufe erfordert strengste Disziplin, die auf einer Hierarchie gründet. Es hat nichts mit Härte oder Arroganz zu tun, wenn der Koch von seinem Helfer die Rückmeldung fordert, ob der Wunsch nach einer Beilage oder einer Garnitur angekommen ist. Jeder muss exakt seinen Posten ausfüllen. Extravagante Einzelgänger sind tödlich für das Geschäft, denn sie stiften Unruhe.

Die Verletzungsgefahr wächst mit zunehmendem Zeitdruck. Obwohl das Küchenpersonal kaum noch eine Miene verzieht, wenn heißes Fett auf Hände oder Arme spritzt (Perlhuhnbrust zum Beispiel ist hochexplosiv, wenn sich beim scharfen Anbraten das Unterhautfettgewebe erhitzt), geschieht es immer wieder, dass ein Austernmesser abgleitet und trotz Schutzhandschuh trifft oder in der Hektik die Pfanne mit bloßen Händen aus dem Ofen geholt wird. Köche, die ihrem Metier bereits über viele

Jahre die Treue halten, sind deshalb schon wegen der Blessuren, die ihre Hände bedecken, ihrem Berufsstand zuzuordnen.

Die ambitioniertesten Köche sind jedoch nicht nur ehrgeizig und niemals zufrieden mit dem Erreichten, sondern auch extrem auf ihre Ehre bedacht. Da es dieser Spezies von Köchen niemals einfallen würde, minderwertige Produkte einzusetzen oder nicht ihr Herzblut für das Wohlergehen der Gäste zu geben, werden sie den geringsten Zweifel daran als ehrenrührig empfinden. Seien Sie also vorsichtig, wenn Sie einen Koch kritisieren, denn Sie treffen ihn in seiner Seele. Erscheint ihm andererseits Ihre Kritik berechtigt, können Sie sicher sein, dass er alles daran setzen wird, Sie beim nächsten Mal zufriedenzustellen.

Leider sind die ambitionierten Vertreter ihres Berufsstandes hoffnungslos in der Minderheit. Dem überwältigenden Gros ist es völlig gleichgültig, was es produziert. Es folgt den Vorgaben der Betreiber, die häufig genug keinen blassen Schimmer von anständiger Gastronomie haben, auch kein Interesse, sich damit zu beschäftigen, sondern einzig und allein von dem Bestreben geleitet werden, mit einem Minimum an Kosten das Maximum an Gewinn herauszuholen. Dabei wäre es durchaus möglich, auch sehr einfache Gerichte schmackhaft zuzubereiten. Da dies jedoch mit etwas mehr Arbeit verbunden wäre, strebt die Motivation gegen Null, sowohl beim Besitzer, der den Mehraufwand bezahlen, als auch beim Koch, der sich ja dann etwas einfallen lassen müsste.

Das Ziel solcher Köche ist es ohnehin, einen Job in Kantinen mit fester Tagesarbeitszeit zu finden. Es gehört nämlich schon eine große Liebe zum Metier dazu, bis nachts am Herd zu stehen, im Sommer bei brütenden 50 Grad und vorzugsweise dann zu arbeiten, wenn andere feiern. Genau definierte Anwesenheitszeiten gibt es nur annähernd, die Leistung muss erbracht werden, wenn sie gefordert ist. Vor 23:00 Uhr ist kein Tag zu Ende und soziale Kontakte sind deshalb nur schwierig aufrechtzuerhalten. Die Beziehungen aller in der Abendgastronomie Tätigen sind weitaus mehr gefährdet als die anderer Berufsgruppen, da sie dem Partner ein großes Maß an Toleranz abverlangen.

Angesichts dieser Situation erschien uns die Diskussion um die Ladenschlusszeiten völlig absurd. Dieselben Mitbürger, welche ihren geregelten Achtstundentag nicht aufgeben möchten, nehmen mit aller Selbstverständlichkeit den »Rund-um-die-Uhr«-Service von Flughäfen, Krankenhäusern,

Bussen, Bahnen und Gaststätten in Anspruch. Diese Einstellung gleicht jener der militanten Autohasser, die sich bei allen Gelegenheiten gerne im Fahrzeug mitnehmen lassen.

Wer in der gehobenen Gastronomie kocht, tut dies mit Leib und Seele. Hier genügt es nicht, einen guten Job zu machen, hier werden die Grenzen der Belastbarkeit ständig neu ausgelotet, denn die Luft ist ausgesprochen dünn in dieser Kategorie. Dem Zeitgeist eine Nasenlänge voraus zu sein, Trends zu ahnen, bevor sie sich etabliert haben, das erfordert Kreativität und ein Gespür dafür, was die Gäste wünschen – bevor ihnen bewusst ist, dass sie genau dies gewollt haben.

Es gibt keinen Grund, sich auf Erfolgen auszuruhen, denn die Karawane zieht weiter. Ebenso gefährlich ist Selbstüberschätzung, die Unfähigkeit, seine Leistungen täglich zu hinterfragen. Etwas mehr Bescheidenheit wäre manchmal wünschenswert. Wenn in einem Landgasthof mit durchaus interessanter, aber nicht aus dem Rahmen fallender Speisenauswahl der »Obergeschmacksmeister«, sprich: Küchenchef, seine Empfehlungen gibt, wirkt dies eher peinlich.

BEMERKENSWERTES UND ABSONDERLICHES

Richtige Gourmets und ihre Köche schrecken vor nichts zurück. Alles kann schmackhaft zubereitet werden, vom Hammelauge bis zu Stierhoden, das Limit bestimmt der Connaisseur selbst – zuweilen sehr großzügig. Ein Restaurant, das als Gipfel des Genusses eine gewürgte, erstickte Ente anbietet, steuert auf eine Grenze hin, von der es nicht mehr weit ist bis zum Gaumenkitzel der Römerzeit, den Pfauenzungen in Aspik, dem wohl einzig Genießbaren des ansonsten eher zähen Vogels.

Ausgeprägte Tierliebe allerdings hat in der großen Gastronomie nichts zu suchen. Über die Stopfleber schrieb bereits Brillat-Savarin, ein Zeitgenosse Goethes, Gastrosoph und begnadeter Hobbykoch: »Wir bescheiden uns nicht mit den Eigenschaften, die die Natur den Hühnervögeln verliehen; die Kunst hat sie ergriffen, und unter dem Vorwande, sie zu verbessern, machen wir Märtyrer aus ihnen. Man raubt ihnen nicht bloß die Mittel zur Fortpflanzung, man hält sie auch einsam, wirft sie ins Dunkel, zwingt sie zu fressen und entwickelt so in ihnen ein Embonpoint, der ihnen von Gott nicht bestimmt gewesen. Allerdings, dieses ultra-natürliche Fett schmeckt herrlich, und mittels dieser Teufelskünste bekommen sie jene Feinheit und Saftigkeit, die sie zu Leckerbissen der edelsten Tafel machen.« ***8**

Reine Vegetarier, von Veganern ganz zu schweigen, werden in der Haute Cuisine nicht wirklich gerne gesehen. Keinem passionierten Koch bereitet es Freude, sich nur mit Körnern, Salat und Gemüse zu beschäftigen, denn diese Ernährungsweise schließt ein weites Spektrum von sinnlichen Genüssen aus, deren Herbeiführung doch sein Lebensinhalt ist.

Stubenküken, Zicklein oder Milchlämmer finden sich auf dem Speisenplan; alles, was die zwei- und vierbeinige Fauna hergibt, wird verarbeitet mit der Erleichterung, dass es in den meisten Fällen bereits küchenfertig ankommt. »Bertha Heyden's Kochbuch« aus dem Jahre 1887 setzt noch das eigene Schlachten als selbstverständlich voraus:

SCHILDKRÖTEN ZU KOCHEN

»Der Schildkröte schneidet man den Kopf, die Füße und den Schwanz ab, indem man ein Messer an die Theile setzt und mit dem Hammer darauf schlägt; zieht sie die Glieder an sich, so legt ihr eine glühende Kohle auf den Rücken, worauf sie die Schale verläßt und man nun eilen muß, sie zu tödten. Man läßt sie ausbluten, wäscht sie mit einer Bürste und kocht sie ½ Stunde mit Bouillon.« ***9**

Im selben Kochbuch findet sich ein weiteres spektakuläres Rezept, welches besonders »schwächlichen Menschen und Reconvalescenten sehr zu empfehlen« sei:

MAIKÄFERSUPPE

»Man fängt die Maikäfer, von denen man 30 Stück auf eine Portion nehmen kann, frisch ein, tödtet sie, nachdem sie sorgfältig gewaschen, in einem Mörser. Dann thut man ein gutes Stück Butter in eine Casserole, und wenn dieselbe steigt, die gestoßene Masse hinein und läßt sie ¼ Stunde darin rösten. Dann giebt man leichte Bouillon darauf, am besten Kalbsbrühe und läßt sie ½ Stunde damit kochen. Wenn dieselbe durch ein Haarsieb gegossen, schwitzt man zwei Löffel Mehl in Butter, giebt es zur Suppe, läßt sie damit glatt kochen und zieht sie kurz vor dem Anrichten mit Eidottern ab.« ***10**

Aber auch in der modernen Gastronomie sind Köche ohne Vorkenntnisse in der tierischen Anatomie fehl am Platze. Ist die Kühlkapazität hoch genug, werden ganze Rehe und Hirsche, lediglich »aus der Decke geschlagen« (enthäutet) und ausgenommen angeliefert. Das Zerlegen in bratfertige Stücke erfolgt in der Küche, genau so wie das *Parieren* des Fleisches, also die Entfernung von Fett und Sehnen. In ganz großen Häusern existiert bis heute der Posten des *Boucher*, des Metzgers, der allerdings im Aussterben begriffen ist. Früher oblag es ihm, große Stücke zu zerteilen, eine Aufgabe, die heute bereits von den Lieferanten erledigt wurde.

APHRODISIAKA

Einigen Nahrungsmitteln, je nach Kulturkreis sehr unterschiedlichen, schreibt man aphrodisierende Wirkung zu. Auch hier ist das Werk Brillat-Savarins »Die Physiologie des Geschmacks« eine wahre Fundgrube. Über den Fisch gibt er folgende Geschichte zu Besten:

»Der Sultan Saladin wollte erproben, bis zu welchem Punkte die Enthaltsamkeit der Derwische Stich hielt. Er nahm deshalb zwei in seinen Palast und ließ sie einige Zeit vom saftigsten Fleische leben. Bald verschwand die Spur der Kasteiungen, die sie sich selbst auferlegt, und sie begannen Fett anzusetzen. In dieser Lage gab man ihnen zwei Odalisken von bezwingender Schönheit zur Gesellschaft; aber ob sich auch diese in ihren raffiniertesten Angriffen erschöpften: die beiden Heiligen gingen aus einer so reizenden Prüfung strahlend rein hervor wie der Diamant von Visapour.

Aber der Sultan behielt sie noch weiter in seinem Palaste, und, um ihren Triumph zu feiern, ließ er sie während einiger Wochen ebenso elegant bewirten, jedoch jetzt ausschließlich mit Fischen. Dann unterwarf man sie aufs neue den vereinten Verführungen der Jugend und Schönheit: da zeigte sich plötzlich die Natur überlegen, die Einsiedler unterlagen, beseligt – erstaunlich.« ***11**

Inwieweit die Länge der angehängten zweiten Prüfungszeit oder der Genuss von Fisch die Tugend der Asketen beeinträchtigte, möge dahingestellt bleiben. In unseren Breiten wird vor allem der Trüffel nachgesagt, Hemmschwellen abzubauen. Brillat-Savarin erzählt dazu eine Geschichte, die ihm eine Dame seines Bekanntenkreises anvertraute:

»Mein Mann hatte mich mit Verseuil allein gelassen, der ihm ganz ungefährlich erschien. Unser kleines Abendbrot gruppierte sich um ein superbes Huhn mit Trüffeln … Ich blieb mäßig, trank auch nur ein einziges Glas Champagner: ich hatte diesen Abend ein unbestimmtes weibliches Vorgefühl kommender Dinge. Die Unterhaltung streifte zunächst lauter indifferente Dinge – aber bald hatte sie eine pikantere Wendung genommen. Allmählich wurde Verseuil schmeichelhafter, freier – hingegeben – zärtlich – und schließlich, als er sah, wie mich das ganze Spiel höchlich amüsierte, so unzweideutig, so daß seine Absichten am Tage lagen. Wie aus einem Traum erwachte ich und erwehrte mich seiner nun mit um so mehr Freimut, da er ja meinem Herzen ferne war. Er aber beharrte – und war im Begriffe, sich ganz zu vergessen. Mühsam brachte ich ihn zur Besinnung, und zwar – das muss ich errötend gestehen – nur durch den Kunstgriff, ihm scheinbar nicht alle Hoffnung zu rauben. Da verließ er mich endlich, ich ging zu Bett und schlief bis zum anderen Morgen durch.

Aber da kam der Tag des Gerichtes. Ich prüfte meine Haltung vom vorigen Abend – und fand sie tadelnswert. Bei den ersten Worten hätte ich Verseuil unterbrechen, hätte mich nicht auf seine Konversation einlassen sollen, die nichts Gutes verriet. Mein Stolz hätte früher erwachen müssen, mein Auge sich mit Strenge waffnen sollen; ich hätte läuten, rufen wüten, kurz alles tun müssen, was ich nicht getan. Muß ich noch fortfahren? Ich setze alles auf Rechnung der Trüffeln; sie allein – davon bin ich durchdrungen – hatten mich gefährlich prädisponiert. Und wenn ich seither auch nicht rigoros auf sie verzichten lernte, so esse ich sie doch nie mehr, ohne daß ihr prickelnder Genuß mit einigem Misstrauen gemischt wäre.«

Brillat-Savarin kommt zu dem Schluss: »Die Trüffel ist kein positives Erotikum. Bei bestimmten Gelegenheiten kann sie aber die Frauen nachgiebiger und die Männer feuriger machen.« ***12**

Die schöne Geschichte seiner Bekanntschaft mit Trüffeln erzählte mir ein guter Freund, der sich über Lehre, Hessenkolleg und Studium bis in den Vorstand einer großen Telekommunikationsfirma hochgearbeitet hatte. Eines seiner ersten größeren Geschäftsessen fand in einem Edelrestaurant statt, das sich laut Einladung auf Trüffeln spezialisiert hatte. Da Trüffeln ihm bis dahin nur in ihrer süßen Variante geläufig waren, wunderte es ihn schon etwas, dass sie mit Nudeln serviert werden sollten, aber er hatte sich vorgenommen, für alles offen zu sein und sich nichts anmerken zu lassen.

Im Restaurant war eine Vielzahl von Schalen mit unterschiedlichen Trüffeln aufgereiht und damit geklärt, dass es sich nicht um Pralinen handeln könne. Auf die Frage, welche er bevorzuge, erklärte er souverän: »Die Besten«, die ihm so reichlich über den Teller gehobelt wurden, da er kein Stoppsignal gab, dass der Gastgeber erblasste. Dieser Abend war die Geburtsstunde seiner Karriere als Feinschmecker und Trüffelliebhaber.

»SAGE MIR, WAS DU ISST …

… und ich sage dir, was du bist«. Auch dieses Zitat stammt von Jean-Anthèlme Brillat-Savarin, der nach einem erfahrungsreichen Leben als Feinschmecker zu dieser Erkenntnis kam, die bis heute Zeit ihre Gültigkeit behalten hat. Ihm verdanken unübertreffliche Gerichte wie das *Omelette Savarin*, reich mit Trüffel- und Schnepfenwürfeln gefüllt, ihren Namen, und ihm zu Ehren benannten die Pariser Patissier-Brüder Julien um 1840 den ringförmig gebackenen Hefeteig, dessen runde Backform bis in unsere Tage den Namen *Savarin* trägt.

Konnten sich in der Vergangenheit allerdings nur die Wohlhabenden ein weites Spektrum von Lebensmitteln erschließen, so sind selbst ehemalige Luxusgüter mittlerweile fast allen zugänglich, und nur eine verschwindend geringe Anzahl von Menschen ist in unserem Land darauf angewiesen, sich lediglich von Grundprodukten ernähren zu müssen.

Angesichts dessen erscheint es zunächst erstaunlich, dass sich die Ernährungsgewohnheiten nicht nach dem physiologisch Sinn- und Wertvollen richten, sondern dem Billigen und Standardisierten den Vorzug geben. Da jedoch die Basis für spezifische Vorlieben bereits in der Kindheit gelegt wird und sich im Laufe der Jahre verfestigt, sind früh die Weichen gestellt, wohin sich das Ernährungs- und Genussverhalten entwickeln wird. Babys, die ausschließlich mit »Gläschen« gefüttert wurden, als Jugendliche nur Tütensuppen, Süßspeisen aus dem Plastikbecher und Fast Food mit Geschmacksverstärkern bekamen, werden nur schwer vom erlernten und im wahrsten Sinne des Wortes verinnerlichten Einheitsbrei loskommen. Anderes Essen mögen sie nicht, da ihnen der Eigengeschmack von Gemüse oder Fisch unbekannt ist.

Diese Prägung funktioniert bis weit ins Erwachsenenalter. Selbst gut betuchte und weit gereiste Gäste, die häufig in Restaurants verkehren, möchten auf gewisse Vorlieben nicht verzichten. Die schönsten hausgemachten Parfaits und Sorbets finden zuweilen keine Gnade, wenn sich das Vanilleeis des bevorzugten Herstellers nicht auf der Karte findet.

In einem Lokal, welches über keine Fritteuse verfügt, das Richtige für »Fast-Food-Kinder« zu finden, ist äußerst schwierig. Da ihre Erzeuger aber gewöhnlich auch keinen übermäßigen Drang zu jenen Restaurants haben, ist diese Personengruppe in die Gestaltung der Speisenkarte auch nicht einbezogen. Schnitzel »Schweinchen Dick« oder Pommes mit Ketchup »Räuber Hotzenplotz« sucht man dort vergebens. Es hat sich also eine Art von Gastronomie entwickelt, zu der bestimmte Bevölkerungsschichten keinen Zugang finden, weil das Angebot nicht deren Geschmack entspricht.

Als Feinschmecker wird niemand geboren, sondern diese Kunst will mühsam erworben sein. Voraussetzungen hierfür gibt es nicht, wohl aber Gegebenheiten, die den Weg erleichtern. Kinder, die bereits früh an die verschiedensten Geschmacksnuancen herangeführt werden, mögen bessere Bedingungen vorfinden, können sich aber genauso gut zu kompletten Ignoranten entwickeln. Selbst gut ausgebildete Köche – sofern jung genug, sind nicht gegen Entgleisungen gefeit. Der Drittplacierte im Entscheid über den besten Jungkoch Hessens antwortete nach dem Wettbewerb auf die Frage, was er denn nun unternehmen wolle: »Jetzt gehe ich zu Mäckes und esse einen Hamburger.« So viel zu Prägung und Gruppendynamik.

Geografisch gesehen stehen die Chancen im südlichen Teil unserer Republik besser als im nördlichen. *Labskaus*, die hinlänglich bekannte Vermählung aus gepökeltem Rindfleisch, Kartoffeln und Roter Bete, verfeinert mit Salzheringen oder »Weckewerk«, einem gewöhnungsbedürftigen Gemisch aus Schwarten und eingeweichten Brötchen, besonders geschätzt im nordhessischen Raum, findet sicher seine Liebhaber und ist zum Verwerten von Resten bestens geeignet – richtig genießen können es jedoch nur die Eingeborenen, in deren Kindheit die Neigung zu diesen Speisen geweckt wurde.

Auch jenseits der Mainlinie existieren kulinarische Absonderlichkeiten; die Hinwendung zur raffinierteren Zubereitung ist dort jedoch unübersehbar, und selbst in einfacheren Wirthäusern werden die Spätzle handgeschabt. Schaut man sich die Verteilung der von den Gastro-Führern ausgezeichneten Restaurants an, so überrascht es nicht, sie im Süden gehäuft zu finden, während große Teile des Nordens noch unbesiedelt scheinen. Die Nähe unserer italienischen, französischen und österreichischen Nachbarn, der weichere Dialekt, der weitverbreitete sinnenfrohe Katholizismus mögen dazu beitragen.

Die Wahrscheinlichkeit, echten Feinschmeckern zu begegnen, erhöht sich mit dem sozialen Status. Essen wird nun zunehmend Bestandteil des gesellschaftlichen Lebens, und ein gewisses Einfühlungsvermögen für die Feinheiten des Genießens ist Voraussetzung, da ansonsten die Verständigungsbasis fehlt, welche Bindungen festigt. Menschen mit gegensätzlichsten Interessen finden hier eine Kommunikationsebene, die Unterschiede abschleift und zu Nebensächlichkeiten werden lässt. Nicht ohne Grund tafeln Politiker unterschiedlicher Couleur gemeinsam auf Banketten, schließen Geschäftsleute Verträge beim Essen. Das leibliche Wohlergehen schafft eine gelockerte Atmosphäre und baut Aggressionen ab.

Ungeachtet dessen, ob es erstrebenswert sei oder nicht, zu den Gourmets gezählt zu werden, ist die Tendenz zu unüberlegtem Gebrauch von Nahrungsmitteln beunruhigend. Wer sich die Mühe macht, am Wochenende einen Blick in die Einkaufswagen zu werfen, ist auf der Stelle über die Vorlieben eines großen Teils der Bevölkerung informiert: Cola, Chips, Schokolade, vorgebackene Hamburger, Fertiggerichte, Dosenbier. Es sind übrigens nicht nur die sozial Schlechtergestellten, die sich auf diese Weise ernähren, sondern der Hang zum Minderwertigen zieht sich durch alle Gesellschaftsschichten. Es ist offensichtlich, dass die Fähigkeit der Zuordnung von Produkten verloren geht und somit auch die Möglichkeit, gutes von schlechtem Essen zu unterscheiden. Paul Bocuse trifft mit seiner Bemerkung: »Viele Menschen haben das Essen verlernt – sie können nur noch schlucken.« genau ins Schwarze.

VORSICHT BEI »CONVENIENCE«!

Maßgeblich dazu beigetragen haben die *Convenience*-Produkte. *Convenience* bedeutet »Bequemlichkeit« und diese besteht darin, industriell vorgefertigte Gerichte zu erhitzen. In Privathaushalten, denen beruflich bedingt die Zeit zum Kochen fehlt, haben sie ihren festen Platz und auch eine gewisse Berechtigung, sofern sie nicht ausschließlich Basis der Ernährung sind. Bedenklicher ist ihr flächengreifender Einsatz in der Gastronomie. Der Ehrlichkeit halber sollte bei Lokalen, in denen diese Artikel Verwendung finden, die Empfehlung »Hier kocht der Chef« ausgetauscht werden durch die Warnung »Hier wärmt der Chef auf«. Es gibt sie in jeder Form. Nicht nur Suppen, Saucen und Gemüse, die eine lange Convenience-Tradition haben, werden angeboten, sondern Terrinen, Pasteten, mit verschiedenen Farcen gefüllte Ravioli, Spätzle, Klöße, ganze Fisch- und Fleischgerichte sind in Plastik eingeschweißt auf dem Markt.

Ohne die geringste Spur von Skrupeln wird den Gästen suggeriert, alles käme aus eigener Herstellung, vertrauend darauf, dass es keiner merkt oder auch nur hinterfragt. Unbekümmert werden Ravioli mit Spinat-Ricotta- oder Steinpilzfüllung – typische Convenience-Artikel, die in eigener Herstellung sehr arbeitsintensiv wären – und alle Arten von Nudeln als »hausgemacht« angepriesen und Preise dafür aufgerufen, als seien sie es tatsächlich. Natürlich wurden diese Produkte in irgendeinem Haus gemacht, in den seltensten Fällen aber in jenem, welches sie anbietet. In unserem Restaurant ist aus diesem Grund der Begriff »hausgemacht« durch »selbstgemacht« ersetzt worden.

Das Perfide an der Sache ist, dass die Nahrungsmittelindustrie den Grundgeschmack der Bevölkerung, der sich hierzulande durchaus von dem in Frankreich oder anderen Staaten unterscheidet, exakt analysiert und ihn zur Basis ihrer Produkte gemacht hat, sodass die Gäste mit standardisierten Massenprodukten abgefüttert werden, ohne es mitzubekommen. Wie weit diese Manipulation geht und mit welcher Akribie sie vorgenommen wird, möchte ich kurz darstellen:

In der gesamten Mundhöhle befinden sich tastempfindliche (haptische) Sensoren, die Eindrücke über die Beschaffenheit des Aufgenommenen ans Gehirn weiterleiten. Haptische Eindrücke stellen sich als warm, kalt, wässrig, feucht, trocken, klumpig, sandig, körnig, glatt, rau oder ölig dar, um nur einige von vielen weiteren zu benennen. Man bezeichnet sie auch als »Textur«, und sie werden als unterschiedlich angenehm in Verbindung mit Speisen wahrgenommen. Hinlänglich bekannt ist, dass erst das Zusammenspiel von Geschmacks- und Geruchssinn uns erlaubt, einen Apfel von einer Zitrone oder einem Stück Fleisch zu unterscheiden, wobei der Geruchssinn die entscheidenden Informationen vermittelt. Obwohl bestimmte Duftstoffe nicht bewusst wahrgenommen werden, haben sie doch einen wichtigen Einfluss, beispielsweise auf das Sexualverhalten und die allgemeine Affektlage, sie sind an der Steuerung von Lust- und Unlustgefühlen beteiligt. Nahrungsmitteldesigner beziehen diese Erkenntnisse in ihre Kreationen ein, genauso wie die Farbgebung und akustische Eindrücke wie knusprig, knackig krachend, knisternd.

Geradezu eine Revolution löste der bereits 1907 von dem Japaner Ikeba entdeckte fünfte Geschmackssinn, das so genannte »Umami« aus. Die Umamirezeptoren sitzen auf dem Zungengrund und reagieren auf Natrium-Monoglutamat, dem Salz der Glutaminsäure, einer nicht-essentiellen Aminosäure, die einen fleischbrühenähnlichen Geschmack aufweist und die der Körper in geringem Maß selbst herstellt. Zudem bildet sie sich auch spontan, etwa beim Anrösten. Glutamat kommt außerdem als natürlicher Bestandteil beispielsweise in einigen Käsesorten, vor allem Roquefort und Parmesan vor. Es wird als äußerst angenehm empfunden und gilt in einer Algenversion vor allem in der asiatischen Küche als unverzichtbar.

Durch die Beigabe von Glutamat zu den Speisen wird ein »Wohlgeschmack« herbeigeführt, der jedoch nur von kurzer Dauer ist und großes Verlangen nach weiterer Zufuhr erweckt. Als Folge davon ist Glutamat beteiligt am fortschreitenden Übergewicht der Bevölkerung. In der Tierzucht wird es als Mastmittel eingesetzt, da das Sättigungsgefühl zunächst ausbleibt und deshalb wesentlich mehr Nahrung als nötig aufgenommen wird. Denken Sie an die Tüte Chips, von der wir erst dann lassen können, wenn sie leer ist. Zudem verändert Glutamat den Eigengeschmack der Grundprodukte, und so kommt es, dass große Teile der Jugendlichen nicht mehr wissen, wie Fleisch, Geflügel, Fisch und Gemüse schmecken, es auch nicht mögen, wenn sie diese Speisen ohne Zufügung von Geschmacksverstärkern vorgesetzt bekommen, sondern Hähnchennuggets und Fischstäbchen zum Maßstab eines guten Essens erheben. Natürliche Speisen und Saucen sind nuancenreich, man schmeckt die verwendeten Wurzelgemüse und Kräuter im Zusammenspiel. Mit zugesetztem Glutamat werden sie eindimensional, sie verlangen geradezu nach größeren Mengen von künstlichen Aromastoffen, um die Lücken aufzufüllen.

Die Verwendung von Glutamat ist also keineswegs ein Kavaliersdelikt, denn es schadet unserer Gesundheit und schont den Geldbeutel des Anbieters, der die aromagebenden Grundprodukte sparsamer einsetzen kann. Machen Sie sich also bewusst, dass die angeführten Beispiele nur einem Ziel dienen: Der Profitmaximierung zum Nachteil des Verbrauchers. Und gehen Sie wachsam und mit kritischem Blick das nächste Mal essen. Das Angebot wird nur dann auf breiter Basis besser, wenn die Klientel nicht alles nimmt, was ihr angeboten wird.

Da Glutamat das Zaubermittel ist, um fehlenden Geschmack auszugleichen, findet es sich in der überwiegenden Zahl von Convenience-Artikeln, da die echten Aromaträger aus Kostengründen so sparsam verwendet werden, dass ansonsten kein Unterschied zu weich gekochter Pappe bestünde. Ich möchte ein Beispiel herausgreifen, welches für unzählige andere stehen mag, die »Heiße Tasse®« der Firma *Erasco*: »Hühnchencreme mit Zwiebeln«. Wenn man die Packung umdreht, zieht das groß gedruckte »Natürlich« auf grünem Grund die Aufmerksamkeit auf sich. Daneben, mit einem Haken versehen steht:

»ohne Geschmacksverstärker
ohne künstliche Aromastoffe
ohne Konservierungsstoffe lt. Gesetz«

»Zelebrieren Sie mit Heiße Tasse® Crème« empfiehlt der Hersteller, »die kleinen Verwöhnmomente in Ihrem Alltag. Die extra cremigen Rezepturen [*Achtung!* …] sorgen […] für ein besonderes Geschmackserlebnis.« Wer sich jetzt in Sicherheit wiegt und nicht in die Zutatenliste schaut, ist reingefallen, denn hier finden sich: Modifizierte Kartoffelstärke, pflanzliches Fett, 11 % Zwiebeln (!), Glucosesirup, Jodsalz, Kartoffelstärke, Hefeextrakt (= Geschmacksverstärker), Magermilchpulver, 1,5 % Hähnchenfleisch, 1 % Hühnerfett, 0,2 % Sahnepulver, Aroma, Emulgator Mono- und Diglyceride von Speisefettsäuren, Kerbel, Kurkuma (zum gelblichen Anfärben), Weizenmehl, Stabilisator, Kaliumphosphat, Antioxidationsmittel, Propylgallat (eine Esterverbindung der Gallsäure, die verhindern soll, dass Fette ranzig werden) und BHA (ein weiteres Antioxidationsmittel, welches Allergien auslösen kann und im Tierversuch zu organischen Veränderungen geführt hat).

Beim Lesen dieser Zusatzstoffe drängt sich die Frage auf, weshalb trotzdem damit geworben werden kann, angeblich ohne Geschmacksverstärker, Aromastoffe und Konservierungsstoffe zu arbeiten. Der Trick liegt im Begriff »Rezeptur«, nicht zu verwechseln mit »Rezept«, denn die erlaubt alles und wird nicht vom Gesetzgeber in die Pflicht genommen. Die unglaubliche Dreistigkeit dieser Firmen gründet also in ihrer Unangreifbarkeit, und die einzige Chance des Verbrauchers ist ihr Boykott.

Fertiggerichte finden sich mittlerweile in jeder Art von Gastronomie. Die »hausgemachten Maultaschen« der Firma *Bürger* zum Beispiel, zu beziehen in allen Großmärkten, rangierten in einem der besseren Frankfurter Tagesimbisse unter »Danas hausgemachte Maultäschle«. Eine grobe Täuschung des vertrauensvollen Gastes, der annehmen musste, die Mitarbeiterin gleichen Namens habe sich tatsächlich mit deren Herstellung befasst.

Restaurants, die überwiegend solche Produkte verwenden, sind trojanische Pferde, die es zu enttarnen gilt, bevor sie weiterhin zur Nivellierung des Geschmackes beitragen können. Es gehört etwas Übung dazu, diese Lebensmittel herauszufinden. Da sie bereits an ihrer Uniformität gut zu erkennen waren, sind in der letzten Zeit einige führende Anbieter dazu übergegangen, kleine Ungleichmäßigkeiten einzubauen. Ein sicheres Merkmal ist jedoch der kaum vorhandene spezifische Eigengeschmack. Die Ricotta-Spinatfüllung von Ravioli etwa wird man nur herausschmecken, wenn man weiß, worum es sich handeln soll – sofern sie kein Glutamat, modifizierte Hefen oder Aromastoffe enthält.

Ist es jedoch schon vielen Erwachsenen gleichgültig, was sie essen, Hauptsache es entspricht dem Universalgeschmack, so fällt das Ködern von Jugendlichen umso leichter, sofern ihre Aufmerksamkeit nicht schon von den Eltern geschärft wurde. Um das Angebot für sie besonders attraktiv zu machen, finden Anglizismen überproportional Verwendung. *Chicken-Wings*, *Onion-Rings*, *Sea-Food*, *gecoated* (ummantelt) mit Bierteig, fertig für die Fritteuse, sind Highlights unter den Finger-Food-Angeboten, die, so etwa das Magazin *Gastronomie*, »voll gesellschaftsfähig« seien und

»den Sprung vom Fast-Food über die Szenegastronomie bis in die Küchen der Top-Restaurants geschafft« hätten. Das zumindest stimmt, weshalb es ratsam ist, genau hinzuschauen, was auf dem Teller liegt.

Es erstaunt immer wieder, dass das Gros der Bevölkerung überhaupt keinen Anstoß an diesen Produkten nimmt; im Gegenteil, sie werden gekauft und Restaurants, die so etwas anbieten, werden besucht, weil sie einen Wiedererkennungswert haben und damit die Verlässlichkeit gewähren, keine Risiken eingehen zu müssen. Die Hersteller sponsern diesen Trend nach Kräften, indem sie neue Variationen entwickeln, die dann plötzlich »in« sind. Fingerfood ist ein Beispiel dafür und zugleich fast ein Synonym für Convenience. Selbst das Presseorgan des Hotel- und Gaststättenverbandes *Gastronomie heute* ergeht sich völlig unkritisch in Lobeshymnen auf alle Convenience-Produkte, da es von den Unternehmen durch deren Großanzeigen profitiert. Die *Frische auf Vorrat* wird hervorgehoben, welche die Gäste verwöhne und das Budget schone – eine Verhöhnung jeder Gastronomie, die noch mit frischen Zutaten arbeitet und fast ein Anlass für uns, die Mitgliedschaft zu kündigen.

Die Palette dieser Produkte ist gigantisch, wobei, neben einer Menge von Fragwürdigem, sich einige Firmen um sehr hochwertige Ware bemühen, die ohne lange »Giftlisten« auskommt. Würden diese Gerichte mit Aufrichtigkeit eingesetzt und als vorgefertigt gekennzeichnet, gäbe es keinen Grund zur Kritik, denn jetzt läge die Entscheidung beim Gast, welchem Angebot er den Vorzug gibt. Die Vorspiegelung falscher Tatsachen aber ist das Verwerfliche, denn sie lässt dem uninformierten Konsumenten keine Chance der freien Wahl.

Gute Convenience ist selbst für Wiederverkäufer teuer im Einkauf, besonders die Marktführer der Edelprodukte verlangen hohe Summen. Ihre Herstellung ist jedoch keine Zauberei und sollte eigentlich für jede Gastronomie mit etwas Anspruch eine Selbstverständlichkeit sein, denn fremde Federn mögen schmücken, zur Ehre gereichen sie nicht. Aus einem sehr einfachen Grund wird aber auf sie zurückgegriffen: Selbst ausgebildete Köche beherrschen die Produktionstechniken nicht, denn es ist bereits ein Teufelskreis in Gang gesetzt.

In den letzten Jahren erhielten viele Betriebe eine Ausbildungsgenehmigung, ohne dass dort irgendjemand die Qualifikation zur Ausbildung besäße. Die Vorgaben der Politik sind eindeutig: Allen Jugendliche soll ein

Ausbildungsplatz zur Verfügung stehen. Sind nicht genügend Plätze vorhanden, müssen neue geschaffen werden. Jede Pizzeria, jeder Döner-Imbiss erhielt auf Antrag die Genehmigung, sofern der Besitzer sieben Jahre Berufserfahrung vorweisen konnte. Die Konsequenz liegt auf der Hand: Wer nie gelernt hat, Fonds zu ziehen, um daraus Saucen und Suppen herzustellen, wer niemals Fisch filetiert und zubereitet, niemals Steakfleisch pariert und auf den Punkt gebraten hat, kann diese Grundtechniken nicht weitergeben. Auszubildende in solchen Gaststätten verfügen noch nicht einmal über dies unerlässliche Basiswissen.

Um dieses Defizit zu mildern, wurden mein Mann und ich Gründungsmitglieder der TAFF-Initiative – *Top Ausbildung für Frankfurt* –, wo eine Handvoll engagierter Gastronomen seit einigen Jahren mit der Bergius-Berufsschule kooperiert; wir haben somit einen sehr guten Einblick in den Stand der Ausbildung, und der ist desolat. Viele Koch-Azubis bestehen die Prüfung nicht oder nur ganz knapp. Solche Absolventen möchte eigentlich keiner der Prüfer in seinem Betrieb haben. Natürlich spielt, wie in jedem anderen Beruf auch, mangelndes Interesse eine Rolle. Oft kommt als Antwort auf die Frage, weshalb ausgerechnet dieser Ausbildungsweg beschritten wurde, die Antwort: »Weil ich so gerne koche.« Dies allerdings kann nur theoretisch gemeint sein, denn geht man ins Detail, stellt sich heraus, dass die Jugendlichen in ihrer Freizeit so gut wie nie am Herd stehen, allerhöchstens hin und wieder Fischstäbchen braten oder Nudeln mit Tomatensauce aus der Dose zubereiten und dies unter »Kochen« verstehen. Erstaunen kann dies allerdings nicht, denn genau dieses Tun kennen sie aus ihren Betrieben. Schachtel auf und Saucenpulver ins Wasser gerührt, Tiefkühler auf und Gemüse in der Mikrowelle erwärmt, Folie auf und fertig panierte Schnitzel in die Fritteuse geworfen.

Alle Mitglieder der TAFF-Initiative bieten für interessierte Auszubildende oder solche mit Defiziten Schulungen an. Angenommen werden sie jedoch nur sehr mäßig, vor allem nicht von denjenigen, die es nötig hätten. Es kommt erschwerend hinzu, dass viele Chefs die Lehrlinge nicht freistellen, denn auf ihre Arbeitskraft möchten sie nicht einmal für drei Stunden verzichten. Einige Großbetriebe sind sich über die Defizite im Klaren. In das Restaurant meines Mannes werden regelmäßig Praktikanten geschickt, die in ihren eigenen Küchen niemals die Möglichkeit hätten, das À-la-carte-Geschäft kennenzulernen, niemals ein Menü kochen, wie es in der Prüfung verlangt wird. Aber dies sind Ausnahmen, welche über die TAFF-Runde zustande kamen, alle anderen Auszubildenden, die nicht das Glück haben, in der gehobenen Gastronomie eine Lehrstelle gefunden zu haben, gehen in ihre Prüfungen ohne jedes Fundament, auf das sie aufbauen könnten.

Durch die Arbeit meines Mannes in der Prüfungskommission für Köche und die Teilnahme an der TAFF-Initiative habe ich relativ häufig die Möglichkeit, an Prüfungsessen teilzunehmen, und das ist in der Regel kein Vergnügen. Nach drei Jahren Ausbildung ist lediglich ein verschwindend kleiner Prozentsatz in der Lage, ein fehlerfreies 3-Gänge-Menü für sechs Personen zu kochen. Nicht selten findet sich ein undefinierbares Konglomerat auf den Tellern, von dem keine einzige Komponente als gelungen bezeichnet werden kann. Die Tristesse findet sich auch in der Optik wieder. Farbliche Akzente sind Fehlanzeige: Es dominieren aschgrau, zementgrau, betongrau, mausbraun, schlammbraun, morastbraun. Was wird aus solchen Köchen, sofern sie die Freisprechung zum Gesellen erreichen? In besseren Restaurants überstehen sie die Probezeit nicht, aber es gibt genügend Gaststätten, in denen sie unterkommen können, nämlich dort, wo nicht gekocht, sondern erwärmt wird. Und jetzt schließt sich der Kreis, denn auch solche Un-Köche können die Ausbildungsgenehmigung erlangen und geben ihr Nicht-Wissen an die nächste Generation weiter.

Hier liegt einer der Gründe, weshalb es so viele unsägliche Restaurants mit schlechten Köchen gibt. Wer seine Ausbildung in einem der beschriebenen Betriebe erhalten hat, wird sich an dessen Standard orientieren, ihn als Normalität akzeptieren und weitergeben. Aber die meisten unserer Zeitgenossen danken es ihm. Die unerträglichste Darbietung von synthetischen Suppen, verkochtem Dosengemüse, lappigem Fleisch, zerfallendem oder knochentrockenem Fisch – ein Verbrechen an der Gesundheit der Konsumenten – wird von vielen geschätzt.

Solche Köche werden dann, sofern sie nicht den geregelten Kantinentag vorziehen, in »gutbürgerlichen« Gaststätten landen – einem Attribut, bei dem sofort die Alarmglocken schrillen sollten, denn damit schmücken sich mittlerweile viele Etablissements, deren Angebot sich in Schnitzeln, Bratwurst und Fritten erschöpft. Sie haben nichts mehr gemein mit dem ursprünglichen Qualitätsanspruch, den diese Bezeichnung signalisierte. Es gibt jedoch allzu viele Mitmenschen, die den grauenhaften Gestank nach

Altöl, in dem panierter Fisch, Pommes und Schnitzel frittiert wurden, als leckeren Duft erleben und deren Kriterium für ein gutes Restaurant die Größe des Fleischbrockens auf dem Teller bei einem möglichst geringen Rechnungsbetrag ist. Die Bestätigung erhielt ich letztens im Wartezimmer eines Arztes. Eine durchaus elegant gekleidete Patientin, mit der ich ins Gespräch kam, da sie wie ich in einer Zeitschrift mit Kochrezepten blätterte, schwärmte von einem Lokal im Hintertaunus, welches die Anfahrt mehr als lohnen würde. Die Schnitzel dort seien so groß und die beiliegenden Pommes so üppig bemessen, dass man es kaum schaffen könne. Wie denn der Geschmack sei, wollte ich wissen. Der sei schon in Ordnung beschied sie mir, aber das Schönste sei, dass alles eingepackt werde, was auf dem Teller liegen bleibe.

Glücklicherweise gibt es aber immer noch Gastronomen, die sich diesem Trend entziehen. Oft sind es die kleinen Gasthäuser, in denen weiterhin Hausgemachtes auf die Teller kommt, und es kratzt an der Ehre, wenn dies angezweifelt wird. Eine authentische Geschichte möge dies illustrieren:

Ein Gast reklamierte, das Chili con Carne sei aus der Dose. Der Küchenchef, ein Choleriker, nahm die Reklamation bleich vor Wut zur Kenntnis und ließ ausrichten, es werde täglich frisch gekocht. Nachdem dies wiederum in Frage gestellt wurde, stürzte der Chef mit einer Jagdwaffe im Anschlag an den Tisch mit den Worten: »Sag's noch einmal, und ich drücke ab!« Die Sache nahm jedoch eine friedliche Wende. Sie saßen noch nach Geschäftsschluss zusammen und feuerten sich Rotweine, sowie zunehmend auch Schnäpse in den Kopf. Es war der Beginn einer großen Freundschaft.

Einen guten Einblick in die Frankfurter Gastronomie erhielt ich während meiner Tätigkeit im Bereich Gastrokritik bei der *Frankfurter Neuen Presse*. Jeweils die fünf besten Restaurants eines Stadtteils wurden hier vorgestellt. Um sie herauszufinden, war ich monatelang unterwegs und besuchte um die 250 Lokale. Neben Erfreulichem – ja, es gibt sie durchaus, die wenigen Rosen unter den vielen Disteln – und weitaus mehr Ärgernissen begegneten mir auch Absonderlichkeiten wie die folgende in einer alteingesessenen Apfelweinwirtschaft in Sachsenhausen: Zwar werden sie noch angeboten, die traditionellen Frankfurter Gerichte, aber man versucht mittlerweile offenbar, alle Geschmacksrichtungen zu bedienen. So verblüfften die Tagesempfehlungen mit »Rotbarbe auf mediterranem Bohnensalat«, »Kalbsleber auf Tomatensauce mit Balsamico-Zwiebeljus« und »Kalbsgeschnetzeltes mit exotischer Curryrahmsauce«. Etwas irritiert von diesem Angebot fiel meine Wahl auf »Heringsfilet gefüllt mit Zwiebeln, Gewürzgurke und Röstkartoffeln« und man servierte: vier Minirollmöpse mit gefächerter Gurke und Bratkartoffeln. Die Frage darf erlaubt sein, ob hier die Gäste abgeschreckt oder nur verschaukelt werden sollen. Es ist fatal, Trends hinterherzujagen, welche die Trendsetter bereits wieder hinter sich gelassen haben, und peinlich, mit tönenden Worten Erwartungshaltungen aufzubauen, die nicht bedient werden können. Weitaus naheliegender wäre eine Rückbesinnung auf das Althergebrachte, vielleicht mit etwas pfiffigerer Zubereitungsweise – hier eröffnet sich der Kreativität ein weites Feld – und dem Einsatz qualitativ hochwertiger Produkte.

Bestürzt, aber nicht wirklich überrascht war ich von der hemmungslosen Verwendung von Fertigsaucen, -suppen- und -dressings, die jeden Eigengeschmack der verwendeten Produkte vernichteten. Kein Grund aber offenbar, diese Restaurants zu meiden, im Gegenteil, viele von ihnen waren bestens besucht. Dabei verlassen Gerichte die Küche, bei denen man sich fragt, ob den Köchen überhaupt so etwas wie Unrechtsbewusstsein gegeben ist. In einem griechischen Lokal servierte man mir Lachs, der auf der Unterseite, zunächst nicht erkennbar, *verkohlt* war und sich während des Kauens in Brösel zerlegte, beim Italiener erhielt ich Pasta mit Meeresfrüchten, die aus drei (!) kleinen Tintenfischringen und einer ungeschälten Garnele bestanden. Das Essen in einem Restaurant auf dem Sandweg probierte ich erst gar nicht, da der Geruch von altem Frittierfett beißend im Gastraum hing. Die einzige Erklärung dafür, dass solche Gaststätten existieren können, muss in der Anspruchslosigkeit der Gäste begründet sein, die solche Unsäglichkeiten als Normalität akzeptieren.

Küchenleistungen werden auch dann nicht in Frage gestellt, wenn es sich um eine angesagte »Location« handelt, wo es schick ist, sich sehen zu lassen. Hier geht es um Status, um die Demonstration, »dazuzugehören«. Ohne mit der Wimper zu zucken, werden astronomische Preise aufgerufen und gezahlt. Ich spreche nicht von den besternten oder den in seriösen Gastro-Führern gelisteten Häusern, die mit ihrer arbeitsintensiven Zubereitung und dem hohen Wareneinsatz, wenn auch teuer, trotzdem eher moderat in ihrer Kalkulation sind, sondern von jenen, die es nur ihrer

Publizität verdanken, dass ihnen Erfolg beschieden ist. Veranlassung, die Strategie zu ändern, besteht allerdings keinesfalls, solange der geneigte Gast alles wundervoll und den Preis dem Glamour angemessen findet.

GERICHTE UNTER FALSCHEM NAMEN

Eine erkleckliche Anzahl von Restaurants setzt darauf, dass ihre Gäste über zu wenig Informationen verfügen, um zu erkennen, dass etwas auf dem Teller liegt, das sie nicht bestellt haben, aber teuer bezahlen müssen: mindere Qualität, die unter falschem Namen verkauft wird. Einige Beispiele sollen dies verdeutlichen:

Perlhuhn zählt zum hochwertigen und damit teuren Geflügel, ist aber für den ungeübten Gast leicht zu verwechseln mit einer Poularde, die nur mit einem Bruchteil des Einkaufspreises zu Buche schlägt. Meist wird die Brust als »Suprême« angeboten, d. h. mit dem Flügelansatz, und genau hier kann man eine eindeutige Identifikation vornehmen. Fehlt nämlich dort das kleine schwarze Häutchen, ist es alles, nur kein Perlhuhn.

Tafelspitz klingt weitaus besser als Ochsenbrust und ist auch entsprechend kostspieliger. Wird Ihnen ein Stück Fleisch serviert, das eine feine Fettmarmorierung und einen Fettrand aufweist, können Sie mit Sicherheit davon ausgehen, dass hier kein Tafelspitz Verwendung fand, der aus der Rinderhüfte geschnitten wird und fettfrei ist.

Matjes sind für Uneingeweihte nicht leicht zu unterscheiden von Heringen »Matjes Art«. Ein eindeutiges Kennzeichen des echten Matjes – des ganz jungen, wohlgenährten, nicht laichreifen Herings – ist der hohe Fettanteil von fast 25 %. Mild gesalzen, zergeht er fast auf der Zunge. Wenn er auf dem Teller liegt, achten Sie darauf, dass die Filets im Ganzen und nicht völlig bedeckt von der Sauce serviert werden. Sind sie darunter begraben oder sogar bereits in Stücke geschnitten, ist fast immer etwas faul, denn jeder Wirt, der echten Matjes anbietet, ist stolz darauf und präsentiert ihn entsprechend.

Vanilleeis gibt es in unendlicher Variationsbreite, meist sind es jedoch künstliche Aromen, die den Geschmack hervorrufen. Ein untrügliches Zeichen für Eis mit echter Vanille sind winzige schwarze Pünktchen in der Crème: Das Vanillin steckt nämlich nicht im Mark, sondern in der schwarzen Schote, und deren fragmentierte Reste sind auch nach sorgfältigster Zerkleinerung noch sichtbar.

Ähnlich scharfe Augen benötigen Sie, um mit Fertigbrühe zubereitete Saucen und Suppen zu identifizieren. Auch hier verraten Ihnen kleine grüne oder orangefarbene Würfelchen, dass es der Küche nicht gelungen ist, Fonds selbst aus naturbelassenen Zutaten herzustellen, sondern auf »Maria Hilf« (gekörnte Brühe) zurückgegriffen werden musste, um zu aromatisieren.

Kochkurse können dazu beitragen, den Umgang mit natürlichen Lebensmitteln (wieder) zu erlernen, der Zirkus mit den Fernsehköchen und die Fülle ihrer Auftritte allerdings vermitteln einen faden Beigeschmack – zumindest bei mir. Ihre Omnipräsenz ist so erstaunlich wie ihre ungebrochene Beliebtheit, denn es ist ihnen gelungen, den Zuschauern zu suggerieren, jeder könne im Handumdrehen ein Gourmet-Menü zaubern. Dabei verlässt man sich offenbar darauf, dass es keiner ausprobiert, denn sonst müsste es eigentlich Proteste hageln. Allein die Vorbereitung der verwendeten Zutaten dauert Stunden, und der Standardspruch »Da habe ich schon einmal etwas vorbereitet« ist mittlerweile geflügeltes Wort. Selbst wenn Sie die Zeit investieren, fällt das Ergebnis häufig genug enttäuschend aus. Sollten Sie selbst schon einmal versucht haben, etwas nachzukochen, werden Sie vielleicht zum gleichen Ergebnis gekommen sein.

Die Erklärung dafür ist recht einfach: Zum einen stimmen die angegebenen Mengen oft nicht genau – wie übrigens auch in einigen Kochbüchern dieser Stars –, zum anderen wird den Zuschauern ein X für ein U vorgemacht, wenn sie demonstrativ mit Handrührmaschine oder Zauberstab arbeiten – Utensilien, die längst im Museum der Gourmet-Gastronomie verstauben. Angesagt ist vielmehr eine neue Generation hypermoderner und superteurer High-Tech-Geräte, die sich der normale Bürger nicht leisten kann und auch nicht sollte, denn sie amortisieren sich nur im ständigen professionellen Einsatz. Glauben Sie also nicht, dass einer der Herren tatsächlich noch eine Farce durchs Haarsieb streicht und dabei

Unterarme wie Popeye riskiert, auch wenn er genau dies vorführt. Er hat mit Sicherheit einen *Paco-Jet* mit allem notwendigen Zubehör für 5000 € im Hinterzimmer, der ihm das mit einer unmenschlichen Perfektion abnimmt – und noch vieles mehr.

Aber wozu dann das Ganze? Was bringt diese Vorspiegelung falscher Tatsachen? Ruhm und Ehre! Jeder, der sich einmal der Mühe unterzogen hat, das Œuvre nachzukochen, kommt zwangsläufig zu dem Schluss, dass es der Meister besser kann. Während bei ihm alle Gäste verzückt mit der Zunge schnalzen und die Augen gen Himmel wenden, ist der Freizeitkoch schon beglückt, ein »na ja, nicht schlecht« zu hören – es hätte schlimmer kommen können.

Nicht nur die Fernsehauftritte sind ein einträgliches Geschäft für diese Spitzenvertreter der Weißen Zunft, es lässt sich auch noch Geld mit Werbung machen. Eigentlich kein Grund zur Kritik, wird es aber dann kritisch, wenn Produkte beworben werden, auf deren Zutatenlisten sich Geschmacksverstärker, auch in Form von modifizierten Hefen, befinden. Trauen sie also nicht Suppen, weil sie Eckhart Witzigmann, »der Koch des Jahrhunderts« empfiehlt, sondern schauen Sie auf die Inhaltsstoffe!

Da bereits viele Basisprodukte Glutamat oder modifizierte Hefe enthalten, sind wir schon vor Jahren dazu übergegangen, nicht nur Saucen- und Suppenfonds, sondern wirklich alles selbst herzustellen, vom Brot über die Nudeln bis zu sämtlichen Dessertvariationen. Nur so ist man auf der sicheren Seite und die Gerichte sind frei von Lebensmittelzusätzen. Es ist uns ein Anliegen, das Wissen darum weiterzugeben. Ein Mittel dazu sind unsere Kochkurse, die wir seit vielen Jahren, häufig in Zusammenarbeit mit der *Genussakademie Frankfurt* durchführen. Ziel eines jeden Kurses, bei sehr unterschiedlichen Themen, ist die Vermittlung von Techniken, die eine Rückkehr zum natürlichen Kochen erlauben. Die große Resonanz – in den letzten sechs Jahren konnten wir um die 1500 Teilnehmer verzeichnen – gibt Anlass zur Hoffnung, dass ein Stein ins Rollen gekommen ist.

RESTAURANTS, DIE SIE BESSER MEIDEN SOLLTEN

Wer im Laufe der Zeit ein Faible für richtig gutes Essen in richtig guten Restaurants entwickelt hat, muss als Normalverdiener Prioritäten setzen, denn es kostet echtes Geld. Der Betreffende wird schnell feststellen, dass er sich andere Sachen verkneifen sollte, um diesem kostspieligen Hobby nachgehen zu können. Es ist außerdem kein leichter Weg. So mancher Reisberg muss durchfuttert werden, um ins Schlaraffenland zu gelangen, und häufig verdirbt man sich den Magen dabei. Aber der Weg ist das Ziel. Und jeder Krümel auf diesem Weg sollte probiert, analysiert und eingeordnet werden, sodass schließlich ein Netzwerk von Fragmenten und Mosaiksteinchen entsteht, das sich langsam fügt zu einer sicheren Vorstellung, was ein gutes Essen ausmacht.

Dann eröffnet sich schon beim ersten Blick auf die Speisenkarte auch eine Chance, die Spreu vom Weizen zu trennen. Wenn die Empfehlung des Chefs im Originaltext lautet: »Lendchen am Spieß auf zweierlei Saucen mit einem Kartoffelpotpourri und einer Trilogie von Blattsalaten«, ist Vorsicht angesagt. Übertrifft das Gebotene dann noch die Befürchtungen, angesichts strohig gebratener Schweinelende mit Saucen, deren Hauptwürze »Maria Hilf« ausmacht, vorgefertigten, frittierten Kroketten und Pommes sowie einer Ansammlung von ältlichen Salatblättern, die im Mayonnaisedressing aus der Tube welken, sollte man sich nicht wundern. Wir hätten es wissen müssen, befanden uns aber auf der Durchreise und der Hunger zerstreute die Bedenken.

Bei Speisenkarten, in denen es wimmelt von Ortsbezeichnungen wie »an«, »neben«, »auf«, »unter«, sowie »Süppchen mit Sahnehäubchen« und ähnlichem Firlefanz, ist ebenfalls Misstrauen angebracht. Hier wird etwas aufgewertet, das es nicht verdient. Auf der Hut sollte der hungrige Gast zudem vor frischem Obstsalat oder frischen Kräutern sein und nicht umgehend dort einkehren, wo solches angepriesen wird. Findet dies eigens Erwähnung, liegt der Verdacht nahe, dass alles andere eher weniger frisch ist.

Studieren Sie also in Muße die Speisenkarte, denn sie gibt Aufschluss über die Leistungsfähigkeit einer Küche:

- Gibt es verschiedene Speiseabteilungen?
- Vorspeisen / Zwischengerichte / Hauptgerichte / Käse / Süßspeisen
- Handelt es sich um einfache Vorspeisen oder anspruchsvollere Kreationen?
- Sind nur Suppen oder Salate im Vorspeisenangebot?
- Sind die feilgebotenen Speisen nur Convenience-Produkte oder selbst in der Küche zubereitet?
- Wie ist die Sprache?
- Wimmelt es von Ortsbezeichnungen wie »an, unter, neben …«?
- Werden Belanglosigkeiten, Fantasienamen oder Unsinnigkeiten mangels Alternative in den Vordergrund gestellt?
- Gibt es Menü-Angebote?
- Wie sind sie strukturiert: Sinnvoll, durchdacht oder einfach nur eine plan- und fantasielose Aneinanderreihung von Speisenfolgen?
- Gibt es Wiederholungen in den einzelnen Gängen?
- Wiederholen sich Beilagen?

Achten Sie auf Fantasienamen, denn hier lauert eine weitere Falle. »Räuberspieß« oder »Hubertuspfännchen« täuschen eigene Kreationen vor, die sich nicht selten als krudestes Kauderwelsch von Resten entpuppen. Apropos Resteverwertung: Der hochgeschätzte *Brunch* ist eine wunderbare Gelegenheit dazu. Hier hat die »Rumfort-Methode« beste Chancen. Man schaut ins Kühlhaus und konstatiert: »Liegt rum, muss fort.« Alles, was im Wochenendgeschäft nicht verkauft werden konnte, darf hier fröhliche Auferstehung feiern. Der Fisch vom Donnerstag ist zwar nicht mehr taufrisch, aber noch essbar. Bevor er im Canale Grande verschwindet, ist es doch besser, ihn schön mariniert und dekoriert im Büffet anzubieten.

Weitere Anzeichen zum Identifizieren von Restaurants, die der Gast weiträumig umgehen sollte, lassen sich bereits bei der Annäherung feststellen:

- Es riecht nach altem Öl.
- Im Schaukasten liegen tote Fliegen, die Scheiben sind verschmiert, und im März verziert noch die Weihnachtsdeko das traurige Ensemble.
- Auf der ellenlangen, vergilbten Karte soll für jeden Geschmack etwas angeboten werden, vom Leberkäs' über die Pizza bis zur Seezunge, tiefgefroren, hundertprozentig, und nur mit Glück nicht schon mehrmals aufgetaut und wieder eingefroren. Sie zweifeln daran, dass so etwas praktiziert wird? Es ist verbürgt durch Personal, das in diesen Gaststätten arbeitete und sich weigerte, dort selbst etwas zu essen.
- Die Karte oder manchmal auch ungelenk gemalte Schilder wimmeln von Rechtschreibfehlern – nicht nur bei der ausländischen Gastronomie, der man es verzeihen könnte, sondern auch der einheimischen. Zwei besonders putzige Beispiele: »½ knusprige Ganz« und »hausgemachtes Haschee mit Kartoffelpüreh«. (Wie heißt das Reh mit Vornamen? Kartoffelpü!).
- Die Toilette ist leicht zu finden, Sie brauchen nur der Nase nach zu gehen. Niemals würde man sich trauen, auf dem Sitz Platz zu nehmen. Die Armaturen, Waschbecken und Türklinken haben den Mikroben-Test bestanden, alle positiv. Bei solchen Gegebenheiten sollten Sie sofort an die Kühlschränke denken, die hygienischen Zustände werden einander entsprechen!

Wer sich von alledem nicht abschrecken lässt, muss die Konsequenzen tragen. Er sollte darauf eingerichtet sein, matschiges Gemüse aus der Konserve, vorzugsweise Erbsen und Möhrchen, Saucen aus der Tüte und minderwertiges Fleisch, vorzugsweise Schnitzel – flachgeklopft, paniert und frittierfertig eingefroren – gleichgültig auf den Teller geknallt zu bekommen, und zwar ohne jedes Unrechtsbewusstsein. Glauben Sie ja nicht, dass bei Bratkartoffeln mit Spiegelei nichts schieflaufen könnte – die Gefahr, dass die Bratkartoffeln wegen Überlagerung inzwischen sauer geworden sind, ist nicht unerheblich.

Manche Gaststätten schmücken sich mit dem Zusatz »Spezialitätenrestaurant«, wobei die Spezialität darin besteht, dass etwa ganzjährig Wild angeboten wird. Da kann es schon einmal geschehen, dass zur besten

Jagdsaison im Spätherbst das Hirschgulasch aus einem Konglomerat von Fett, Sehnen und einem Minimum von halb zerfallenem Fleisch besteht, dem Geruch nach weit jenseits des Genießbarkeitsstadiums, und der Kellner die Reklamation empört zurückweist mit dem Hinweis, die Dose sei frisch aufgemacht. Übrigens ist aus diesem Beispiel auch klar zu ersehen, dass man ein Restaurant niemals nach der Anzahl seiner Gäste beurteilen darf, denn der Herdentrieb ist nicht zu unterschätzen.

Gastronomie, die ein höheres Niveau anstrebt, muss Kriterien erfüllen, an denen die Qualität einer Küche gemessen wird. Restaurants, deren Speisenkarten als Gipfel der Variation im Frühjahr Spargel und im Herbst Wildgerichte anbieten, die als Highlights Entenbrust auf Orangensauce, Filetsteak mit Pfefferrahm oder Dorade vom Grill empfehlen, zählen nicht zur Kategorie der besseren Restaurants, auch wenn sie es vorgeben und ihre Preisgestaltung danach ausrichten. Solche Gerichte sind typisch für eine Küche, die sich keine Mühe mit der Saucenbereitung gibt, dem A und O der Geschmacksgebung und – neben der Patisserie – dem arbeitsintensivsten Part der Kochkunst. Typischerweise wird zu diesen Hauptgerichten statt des aufwendigeren Gemüses fast immer ein Beilagensalat gereicht oder die Tiefkühltruhe geöffnet und Prinzessböhnchen im Speckmantel hervorgeholt. Obwohl diese Speisen durchaus ansprechend zubereitet sein können, rechtfertigen sie keineswegs ein hohes Preisniveau.

Vorspeisen sind die Visitenkarte eines Restaurants. Räucherlachs auf Rösti oder Schnecken mit Kräuterbutter als Fertigprodukte aus dem Großmarkt bezogen, mögen durchaus ihre Liebhaber finden, zum Renommee einer Gaststätte tragen sie nicht bei. Das Öffnen von Folien oder Dosen bewerkstelligt jeder Küchenhelfer, und zur Not kann er diese Ware auch noch auf Teller bringen. Die Personalersparnis bei dieser Art von Zubereitung ist beachtlich, findet jedoch keinen Niederschlag in den Preisen. Gerade bei den Vorspeisen ist schon etwas Raffinesse gefragt und jeder passionierte Koch wird sich dieser Herausforderung gerne annehmen. Vorreiter in Deutschland waren die Italiener, die mit ihren Antipasti große Erfolge verzeichneten, und mediterrane Varianten nehmen in der gehobenen Gastronomie bis heute ein großes Spektrum ein. Von Zeit zu Zeit kommen immer wieder einmal exotische Einflüsse, vor allem aus dem asiatischen Raum, in Mode. Der Fantasie sind keine Grenzen gesetzt, obgleich bei der »Cross-over«-Küche Skepsis angebracht ist, beinhaltet sie doch häufig eine Mischung unausgegorener Anleihen aus aller Herren Länder, die eine klare Linie vermissen lässt.

Eine gleichermaßen wichtige Rolle spielen die Desserts. Gute Patisserie erfordert ein hohes Maß an Können und wird deshalb recht selten angeboten. Eisbecher oder Rote Grütze sind jedoch kein Ersatz. Ähnlich der letzten Musiknummer eines Konzerts ist das Dessert Höhepunkt und Abschluss eines Menüs, und wenn dieses schwächelt, bleibt ein fader Beigeschmack und ein Gefühl der Enttäuschung. Ein Restaurant mit Anspruch muss sich deshalb auch an der Güte seiner Desserts messen lassen, die häufig genug ein Schattendasein führen.

Sind Sie zu dem Entschluss gekommen, ein bestimmtes Restaurant aufzusuchen, gibt es weitere Kriterien, um dessen Küchenleistung zu beurteilen. Es gilt, die Gesamtheit aller Eindrücke zu berücksichtigen, und dies erschließt sich erst in der exakten optischen und geschmacklichen Analyse. Folgende Aspekte helfen bei der Einschätzung:

- Wie ist der Teller angerichtet? Passen die Komponenten farblich zusammen? Sind sie ästhetisch, bunt gewürfelt, monochrom?
- Wie schmecken die einzelnen Komponenten? Harmonieren sie miteinander?
- Wie gelingt die handwerkliche Umsetzung der Speisekarte?
- Sind die Bestandteile der Speisen ernährungsphysiologisch ausgewogen?
- Besteht ein Gleichgewicht zwischen Kohlehydraten, Eiweißen und Fetten?
- Beinhalten angebotene Menüs eine Steigerung in der Abfolge der Gänge?
- Ist dies ernährungsphysiologisch umgesetzt?
- Variieren die Geschmacksrichtungen der einzelnen Gänge oder
- wiederholen sich Beilagen und Geschmack?

Die Ansprüche an ein Menü unterliegen einem ständigen Wandel, es selbst folgt aber bis heute gewachsenen Regeln. Die Üppigkeit der Speisen ist dabei einer leichteren Zubereitungsweise gewichen, die sich auch im Licht der modernen Ernährungswissenschaft als sinnvoll herausgestellt hat. Historisch gesehen stand am Anfang der modernen Restaurantküche, die sich von Frankreich aus seit dem 18. Jahrhundert entwickelte, der »französische Service«: ein Menü, das sich meist in drei Abteilungen gliederte, von denen jede mehrere Gänge enthielt, die gleichzeitig auf einen Tisch gestellt wurden. *Fricassées* und *Ragoûts* hatten damals ihre Glanzzeit, da es auch in der feinen Gesellschaft mit der Zahngesundheit wegen hohen Süßigkeitenkonsums und mangelnder Hygiene nicht zum Besten bestellt war. In die Lücken geklemmte Elfenbeinzähne hielten nur Durchgekochtem stand, weshalb sich Kurzgebratenes nicht auf dem Speisenzettel fand.

Alle Gerichte wurden zunächst auf einer Tafel zur Schau gestellt, dann wieder fortgenommen, um später, in Portionen zerlegt, den Gästen angeboten zu werden. Um das Auskühlen zu verhindern, standen die Schüsseln auf Rechauds mit heißem Wasser, zugedeckt mit einer Glocke.

Zunehmend wurde dieses Arrangement als umständlich und nicht mehr zeitgemäß empfunden, sodass ab der Mitte des 19. Jahrhunderts der »Russische Service« seine Stelle einnahm. Es fand keine Präsentation mehr statt, sondern die einzelnen Gänge wurden in der Küche zubereitet und dort auch bereits auf die Teller gebracht. Die Zahl der Gänge blieb jedoch weiterhin sehr hoch und konnte durchaus zwanzig Positionen umfassen.

Groß in Mode war das »Gabelfrühstück«, hochgeschätzt als feine englische Art, das dem Magen eine beachtliche Aufnahmefähigkeit abverlangte. Henriette Davidis empfiehlt 1848 in ihrem »Illustrierte[n] praktische[n] Kochbuch für die bürgerliche und feine Küche« dazu Speisenfolgen wie diese:

Bouillon in Tassen

*

Warme Feldhühner-Pastete

*

Biskuit-Pudding mit Schaum-Sauce

*

Hasenbraten mit Aepfel- und Wurzel-Compote

*

Wildschweinskopf in Gelée mit Sauce à la diable

*

Wein-Pudding mit Vanillesauce

*

Feine Aepfel-Torte, Mandeltorte

*

Kleines Dessert und Früchte ***13**

Der Beginn des 20. Jahrhunderts brachte einen Umbruch mit sich. Auch die großen Menüs beschränkten sich nun auf zehn Gänge, wobei die Speisenfolge in steter Steigerung auf den Hauptgang, also nur ein »großes Stück«, zusteuerte. Dieses große Stück war der Höhepunkt, aber auch tatsächlich größer als die anderen Gänge. Das konnte z.B. auch ein ganzes Schwein sein, das dekoriert auf den Tisch kam.

ERFAHRUNGEN MIT GÄSTEN

Die unkomplizierten Gäste sind weitaus in der Überzahl, einige wenige können jedoch die Küche in Schwierigkeiten bringen. Ich möchte kurz darauf eingehen, da ihnen nicht bewusst ist, dass der Umgang mit ihren Ansprüchen sich alles andere als einfach gestaltet. Zuweilen wird als Selbstverständlichkeit vorausgesetzt, dass selbst im größten Betrieb spezielle Wünsche Berücksichtigung finden, insbesondere bei den angebotenen Menüs. Es sollen Gänge gewechselt, Beilagen und Saucen getauscht werden, sodass der Küchenablauf ins Stocken gerät. Die Maßanfertigung für eine einzige Person verlängert die Wartezeit für alle anderen, da ein neuer Menüplan von Hand geschrieben und nachgeschaut werden muss, ob es die Kontingentierung überhaupt erlaubt. Freude kommt dabei nicht auf, auch weil der Küchenchef die Zusammenstellungen exakt geplant und unter Einsatz seines ganzen schöpferischen Potentials zu einem harmonischen Ganzen vereint hat. Es erfordert große Seelenqualen, bis ein neues Menü das Licht der Welt erblickt – und ruft große Enttäuschung hervor, wenn es über den Haufen geworfen wird. Es wäre in diesen Fällen weitaus sinnvoller, à la carte zu essen, da jeder Menügang auch einzeln bestellt werden kann.

Auch eilige Gäste sind in der gehobenen Gastronomie nicht unproblematisch. Jeder pflichtbewusste Koch gibt sein Bestes, um Ihnen aus frischen Zutaten eine Speise zum Genießen darzubieten. Er verwendet keine vorgebratenen Schnitzel, sondern bereitet Ihnen Steaks, Entenbrüste, Doraden, Lammfilets alle zur gleichen Zeit, wenn sie am gleichen Tisch verlangt werden, alle mit verschiedenen Garpunkten, und es verlangt großen Arbeitseinsatz und Konzentration, dies im Griff zu haben. Hinzu kommen die passenden Saucen, teilweise *à la minute* frisch aufgeschlagen, diverse Beilagen und in Form geschnittene Gemüse, welche auch noch dekorativ angerichtet werden. Wenn Sie nach dem Essen einen dringenden Termin haben oder nur eine Stunde Zeit, weil Sie zum Bahnhof müssen, sollten Sie überlegen, ob es nicht besser wäre, auf ein Menü zu verzichten und lediglich ein Hauptgericht zu wählen.

Fingerspitzengefühl erfordern jene Empfindlichen, die eigentlich eine diätetische Küche bevorzugen und sich große Sorgen um ihre Gesundheit machen. Ihnen ist die Suppe zu salzig (obwohl mindestens 3-fach probiert und auch im Nachhinein nicht nachvollziehbar), die Thai-Currysauce zu scharf (obwohl explizit angemerkt), die Calvadossauce zu alkoholhaltig (obwohl der Alkohol längst verkocht ist), das Steak zu zäh (obwohl es trotz Warnung unbedingt durchgebraten werden musste und in Folge dieser Misshandlung seine Saftigkeit verlor).

»Spätesser« laufen in anspruchsvollen Restaurants Gefahr, abgewiesen zu werden, was hin und wieder zu Unstimmigkeiten führen kann, da kaum ein Gast jemals ins Kalkül zieht, dass die Küchenmannschaft oft bereits wesentlich mehr Arbeitsstunden hinter sich hat als der Gast, wenn er zu fortgeschrittener Stunde noch etwas bestellen will. In einer Stadt wie Frankfurt gibt es ein großes Gastronomieangebot, welches bis weit nach Mitternacht seine Dienstleistungen anbietet und auf das in solchen Fällen zurückgegriffen werden sollte. Selbst wenn um 22.00 Uhr, einer durchaus noch akzeptablen Essenszeit, ein Bon in die Küche kommt, muss dies kein Grund zur Freude für das Personal sein, sollte es sich um ein 5-Gänge-Menü handeln, denn das bedeutet unweigerlich Überstunden für alle.

Anthony Bourdain beschreibt diese Situation sehr treffend: »Ich blättere das Logbuch des Geschäftsführers durch, das Notizbuch, durch das der Abendmanager mit dem Tagesmanager kommuniziert. Hier werden Kundenbeschwerden, nötige Reparaturen, Fehlverhalten von Angestellten und wichtige Anrufe notiert. Ich sehe im Logbuch, dass mein Mann am Grill einen der Kellner als ›Schwanzlutscher‹ beschimpft und mit der Faust auf ›bedrohliche Weise‹ auf sein Schneidebrett geschlagen haben muss. Es war passiert, als fünf Gäste drei Minuten vor dem mitternächtlichen Küchenschluss ins Restaurant watschelten und fünf *côtes du bœuf, medium-well* (Kochzeit 45 Minuten) bestellten.« ***14**

Zum Schluss noch ein paar Worte an jene Gäste, die über den Einkaufspreis der Produkte bestens informiert sind und denen unsere Preise sehr hoch erscheinen, da sie ausrechnen, wie viel das Essen oder der Wein kosten dürfte:

Sämtliche Ausgangsprodukte sind hochwertig. Fleisch wird nach Möglichkeit aus der Region bezogen, Rindfleisch auch aus Südamerika, wo noch freilaufende Herden ihr Futter selbst suchen und Zusatzstoffe keine

Verwendung finden, da sie überflüssig und außerdem zu teuer sind. Das Fleisch ist deshalb von ganz anderer Konsistenz als solches von deutschen »Jungmastbullen«, die niemals einen Sonnenstrahl sahen. Das gilt auch für das Fleisch der schwarzen Rinderrasse, die in Japan als *Wag-Yu* bezeichnet wird. Mittlerweile sind Lizenzen zur Nachzüchtung auch an europäische Betriebe vergeben worden, die zur Aufzucht unter denselben strengen Kriterien verpflichtet werden. Wir importieren das Wag-Yu-Fleisch direkt aus Spanien, und wenn wir das Hüftsteak zu 26 € anbieten, so ist das sehr moderat kalkuliert.

Schweinefleisch kommt nur in seltenen Fällen, Hähnchen- bzw. Putenbrust kaum auf die Karte, denn deren Qualität lässt häufig zu wünschen übrig, da die Tiere meist aus Massenhaltung in geschlossenen Ställen stammen. Gutes Geflügel wie Maispoularden, Perlhühner oder Enten werden überwiegend aus Frankreich importiert und haben einen entsprechenden Preis.

Dies gilt auch für alle anderen Produkte, die aus dem Ausland kommen, sei es Oliven- oder Walnussöl, Basmati- oder Wildreis, Trüffeln, Linsen, Artischocken usw. Das ist der eine Kostenfaktor. Der andere ist die Arbeitszeit. Natürlich kann eine Kaninchenkeule im Ganzen am Knochen gebraten und serviert werden. Wird sie jedoch entbeint, flach ausgelegt, mit einer Farce bestrichen, gerollt, in Schweinenetz (Bindegewebe des Bauchfells) gewickelt, gebraten und in Scheiben aufgeschnitten, so ist der Aufwand wesentlich größer und schlägt sich im Preis nieder. Wenn Sie bedenken, dass allein schon das Herstellen der Farce eine äußerst aufwendige Angelegenheit ist, sind 20 € kein überzogener Preis.

Aber das ist längst nicht alles. Die Sauce? Zunächst als Fond acht bis zehn Stunden auf dem Feuer. Das funktioniert so: Die Knochen- und Fleischreste zusammen mit Wurzelgemüse scharf anbraten, einkochen, mit Rotwein aufgießen, wieder einkochen, bis eine gallertartige Masse entstanden ist, die dann mit den gewählten Aromen abgeschmeckt werden kann. Gemüse? Klar, und zwar *tourniert*: Die Zucchini zu Schiffchen, Kohlrabi zu Halbmonden, Karotten zu Blüten. Dann blanchiert und in Butter geschwenkt, die Karotten zusätzlich leicht karamellisiert.

Nirgendwo kommt etwas Synthetisches oder Vorgefertigtes zum Einsatz. Alle Desserts, auch die Eiscremes werden selbst hergestellt. Eine Selbstverständlichkeit, dass die Fische frisch sind, geschuppt und filetiert werden – der Gast soll schließlich keine Gräte auf dem Teller finden. Dieses Programm erfordert eine ebenso lange Vorbereitungszeit wie das eigentliche Kochgeschäft am Abend. Legt man einen Stundenlohn von 45 € zugrunde, den jeder Handwerker verlangt, müsste eigentlich der Wareneinsatz, genauso wie Ersatzteile, separat in Rechnung gestellt werden, um einen ähnlichen Verdienst zu erwirtschaften. Hinzu kommt, dass Lebensmittel im Einkauf mit 7 % besteuert werden, nach ihrer Veredelung aber 19 % Umsatzsteuer fällig sind, die das Finanzamt umgehend einfordert.

Wir und alle Kollegen, die nach den gleichen Kriterien arbeiten, sind also weit davon entfernt, unsere Gäste über Gebühr zur Kasse zu bitten. Kommen noch ein kompetenter Service und ein schönes Ambiente dazu, wird auch dieser Kostenfaktor in die Preisgestaltung einfließen. Glücklich derjenige, dessen Lokal seit Generationen in Familienbesitz ist. Alle anderen sind darauf angewiesen – vor allem in den Großstädten – scharf zu kalkulieren.

REKLAMATIONEN AUS DER SICHT DES GASTGEBERS

Eine Reklamation ist immer gefürchtet, besonders aber, wenn sie als unberechtigt empfunden wird. Trotzdem haben wir es uns zur Regel gemacht, auch dann dem Gast eine Alternative oder das Stornieren des Preises anzubieten. Es gibt jedoch Grenzfälle, die das Entgegenkommen auf eine harte Probe stellen:

- Teller kommen leer zurück mit der begleitenden Nachricht, das Dargebotene sei eigentlich ungenießbar gewesen, aus Hunger jedoch aufgegessen worden.
- Die Qualität von Fleisch oder Fisch wird beanstandet, weist jedoch tatsächlich keinen Mangel auf.
- Ein hochwertiger Flaschenwein, eigens für diesen Besucher geöffnet, entspricht nicht den Vorstellungen, obwohl weder Kork- noch Fassfehler den Geschmack beeinträchtigen.
- Bei heterogenen Bestellungen einer Gruppe wird die lange Wartezeit auf ein Hauptgericht moniert und dieses storniert, obgleich es sich in Vorbereitung befindet und andere Mitglieder bereits mehrere Gänge eines Menüs erhalten haben.

In jedem der beschriebenen Fälle ist die Reklamation objektiv unbegrün det und es liegt im Ermessen des Chefs, darauf einzugehen oder sie abzuweisen. Im Interesse des Geschäfts ist es jedoch sinnvoll, auch hier Ersatz anzubieten, denn ein unzufriedener Gast vervielfältigt seine negativen Eindrücke in Windeseile, und wenn wir dies in Relation zu den Werbekosten setzen, um neue Gäste zu gewinnen, sind die Ausgaben für den doppelten Wareneinsatz marginal.

In diesem Zusammenhang: Wenn Sie ein kleines Restaurant wie das unsrige besuchen, das über keine Küchenbrigade verfügt, zwei dringende Empfehlungen, um Unstimmigkeiten zu vermeiden:

1. Wenn sie mit mehreren Personen essen, achten Sie unbedingt darauf, dass nicht einer ein 5-Gänge-Menü und alle anderen nur ein Hauptgericht nehmen. Der Ärger ist vorprogrammiert, denn die Hauptgerichte kommen stets zusammen, d.h. mit dem vierten Menügang.

2. Bestellen Sie bei gut besuchtem Haus immer eine Vorspeise, auch wenn Sie glauben, nicht so viel Hunger zu haben (es gibt ja die Möglichkeit, anstelle eines Hauptgerichtes eine zweite Vorspeise zu wählen), denn Tische mit Vorspeisen haben Priorität.

Bei aller Akribie sind Küche und Service nicht vor Fehlern gefeit. Grobe Schnitzer sollte jedoch niemand durchgehen lassen. Bevor das Personal glaubt, alles sei in Ordnung, ist es besser, eine Bemerkung darüber zu machen, damit die Chance zur Nachbesserung besteht. Falsche Bons gelangen in die Küche oder richtige Bons werden falsch gelesen. Mit Brillen ist das am Herd nämlich so eine Sache. Einfach umhängen funktioniert nicht, denn im Nu überziehen sie Fettspritzer; und am festen Platz, wo die Brille griffbereit liegen sollte, befindet sie sich nie. Für alle Beteiligten sind solche Fehler mit die unangenehmsten. Der Service kann nur auf das Verständnis des Gastes hoffen, der wartet, während alle anderen bereits essen, und in der Küche gerät der ganze Ablauf durcheinander, wenn etwas neu zubereitet werden muss, denn genau in diesem Moment hat wahrscheinlich das Steak oder der Fisch am Nachbartisch seinen optimalen Garpunkt erreicht.

Schadensbegrenzung ist jetzt oberstes Gebot. Lässt es sich irgendwie einrichten, erhält der betroffene Gast einen kleinen Zwischengang, um die Wartezeit zu überbrücken, während die Köche mit Hochdruck versuchen, die verlorene Zeit aufzuholen. Das sind gefürchtete Situationen, verbunden mit erheblichem Stress, denen nur mit Standvermögen und Disziplin beizukommen ist.

Leider kommt es immer einmal vor, dass auch bei guter Fleischqualität und exakt eingehaltenem Garpunkt ein Steak zu viel Biss hat. Es sei den Gästen dringend ans Herz gelegt, dies ohne Verzögerung dem Service mitzuteilen, denn selbstverständlich wird umgehend ein anderes Stück gebraten. Dies sind Mängel, die ohne Probleme sofort behoben werden können. Es ist dem Küchenchef wesentlich lieber, darüber Kenntnis zu haben als einen unzufriedenen Gast, der zähneknirschend zahlt und nicht mehr wiederkommt oder, schlimmer noch, dem Bekanntenkreis seine Enttäuschung mitteilt.

Trotz aller Vorsicht und aller Kontrollmechanismen kann in seltenen Fällen eine Speise übersalzen sein, selbstverständlich ein legitimer und mit Bedauern entgegengenommener Reklamationsgrund. Schwierig ist es jedoch mit den absolut salzsensiblen Gästen. Dieses Phänomen tritt zuweilen auf, wenn die Speisen »ausgereizt« sind, d.h., wenn Salz und auch die anderen Gewürze so eingesetzt wurden, dass sie ein stimmiges Geschmacksbild ergeben und sich der Salzstreuer auf dem Tisch erübrigt. Die Aussage jener Empfindlichen: »Die Suppe ist versalzen« löst höchsten Alarm aus, da im Allgemeinen dann auch die Saucen, Gemüse und anderen Beilagen als zu salzig empfunden werden. Die Suppe wird in der Küche mit Fond oder Sahne gestreckt, die Bestandteile des Hauptgerichts entsprechend im Vorfeld behandelt. Fast mit Sicherheit ist davon auszugehen, dass sich dieser Reklamation, möglicherweise aus unbewusster Solidarität, auch die übrigen Mitglieder der Gruppe anschließen, während andere Gäste damit keine Schwierigkeiten haben.

Im Schatten der ausgesprochenen Reklamationen blüht eine weitaus subtilere Kategorie äußerst schwieriger Gäste, häufig Hobbyköchen auf beachtlichem Niveau. Sie schmecken heraus, dass die Sauce zum Lamm aus Rinderjus gezogen worden, der Fisch eine halbe Minute zu kurz oder lang gegart sei, der Barolosauce ein Bordeaux zugrunde liege – völlig aus der Luft gegriffene Behauptungen, ausgesprochen nur, um zu beeindrucken. Solche Gäste können kaum zufriedengestellt werden, weil sie es nicht wollen. Aber auch hier ist oberstes Gebot, die Contenance zu wahren und den Ärger hinunterzuschlucken.

Nicht jede Reklamation verursacht Betroffenheit; mitunter rufen skurrile Begebenheiten auch Belustigung hervor und erfordern eine Gratwanderung, um den richtigen Ton zu treffen:

Eine Französin, ein Engländer und ein Deutscher bestellten Lammrücken als Hauptgang. Die Dame reklamierte unverzüglich, das Lamm sei ein Rinderfilet. Die beiden Herren waren offenbar auch im Zweifel, denn sie intervenierten nicht. Die Versicherung des Service, dass es sich um das richtige Fleisch handele, stieß auf Unglauben und mittlerweile war auch der englische Gentleman zu dem Schluss gekommen, dass eindeutig ein Rinderfilet auf dem Teller liege. Um der Irritation ein Ende zu machen, wurde schließlich ein Tablett mit den beiden Fleischsorten aus der Küche geholt, damit das Trio sich mit eigenen Augen von der Unterschiedlichkeit überzeugen konnte, aber auch dies hinterließ nicht den geringsten Eindruck. Die Dame bestand darauf, dass man ihr auf Grund des bekanntermaßen untrüglichen französischen Geschmackssinnes in Bezug auf das Essen nichts vormachen könne, und ihr britischer Begleiter assistierte vehement.

Völlig demoralisiert und des Diskutierens müde gaben wir ihr schließlich Recht. Die Entschuldigung wurde großzügig akzeptiert und die Gäste zeigten sich äußerst zufrieden, dass sie keiner hinters Licht führen konnte.

Wie merkwürdig eine Beschwerde auch klingt, sie muss ernstgenommen werden, der Gast hat einen Anspruch darauf. Aber auch der Service hat einen Anspruch auf Höflichkeit, denn ein aggressiver oder arroganter Tonfall bringt niemanden einen Schritt weiter. Jeder Gast kann davon ausgehen, dass das Möglichste getan wird, um es ihm recht zu machen, denn das Personal weiß sehr wohl, dass es für ihn da ist und nicht umgekehrt. Ein zufriedener oder ausgesöhnter Besucher wird wiederkommen und darauf arbeitet jeder Betrieb hin.

Weist ein Gericht oder auch die Serviceleistung gravierende Mängel auf, sind Hemmungen sie auszusprechen der falsche Weg, denn auf diese Weise kann keine Abhilfe geschaffen werden. Reklamationen sind aber auch da angebracht, wo das Preis-Leistungs-Verhältnis nicht stimmt. In einfachen Gaststätten wird man es hinnehmen, wenn ein paar Bratkartoffeln etwas dunkel geraten, die Nudeln zu weich gekocht sind, die Hähnchenkeulen Biss haben oder die Sauce fad schmeckt. Anders sieht es im oberen Preissegment aus. Kostet ein Filetsteak jenseits von 20 €, sinkt die Toleranzgrenze erheblich. Bräunlicher Brokkoli, zähe Fleischkonsistenz, angebrannte oder geschmacksneutrale Beilagen sind nicht akzeptabel und ein sicherer Reklamationsgrund.

Genau wie uns auch unterlaufen selbst Sterne-Köchen Fehler: Das erste Gericht eines 7-Gänge-Menüs zu 115 €, »Stockfisch mit Limettenschaum und Sevruga-Kaviar« wies die denkbar schlechteste Kombination auf: Zwar passte der Schaum zum Fisch, der Kaviar jedoch, als edelster und teuerster Bestandteil, wurde durch die Säure geschmacklich komplett eliminiert. Für uns ein Fehlgriff, aber kein Reklamationsgrund, denn die Zubereitung war korrekt und entsprach den Vorgaben des Küchenchefs, wenn auch nicht unserem Geschmack. Diese Unterscheidung bedingt die Akzeptanz einer Reklamation und vermeidet Peinlichkeiten, wie wir sie in einem 3-Sterne-Restaurant erlebten:

Für den abschließenden Digestif suchten wir die Bar auf, wo Gäste vom Nebentisch den Verlauf des Menüs rekapitulierten. Sie waren uns bereits unangenehm aufgefallen, da mit erheblicher Lautstärke zum Besten gegeben wurde, wo man überall gewesen sei und wie man nach einer Reklamation Preisnachlässe erzielen könne. Hellhörig wurden wir, als der Satz fiel: »Bei der Rechnung muss noch nachgebessert werden.« Als der Service sie vorlegte, wurde sogleich angemerkt, ein Gang sei »grottenschlecht«, da kalt gewesen. Nach Rückmeldung in die Küche erschien der Chef und erklärte höflich, dass dies beabsichtigt und Teil einer wohlüberlegten Menüfolge gewesen sei. Obwohl man zugab, dass es gut geschmeckt habe, traf die Erklärung nicht auf das geringste Verständnis und man beharrte auf der »grottenschlechten« Leistung. Die Reaktion war kühl und souverän. Der Küchenchef verbat sich diese Unterstellung, und einen Preisnachlass gab es auch nicht. Ruhig zu bleiben in solchen Fällen, wo sich der Blutdruck jenseits des kritischen Wertes für einen drohenden Schlaganfall befindet, erfordert größte Selbstdisziplin. Selbst bei uns, als unbeteiligten Zuschauern, hatte sich die Pulsfrequenz erhöht ob dieses unqualifizierten Angriffs auf die Ehre des Küchenchefs.

Beanstandungen im Ausland erfordern Vorsicht und Durchsetzungsvermögen zugleich, denn das nationale Identifikationsbewusstsein ist dort noch ungebrochen – nicht immer zum Vorteil für die fremden Gäste. Franzosen beispielsweise gehen mit ihren deutschen Nachbarn wenig zimperlich um. Wer der Landessprache nicht mächtig ist, hat schlechte Karten. Selbst wenn viele Franzosen Fremdsprachenkenntnisse haben sollten, im täglichen Umgang spürt man nichts davon. Dies offenbart sich schmerzlich in Restaurants. Wer das Französische nicht beherrscht, sollte, so schwer es auch fallen mag, lieber dort essen, wo Übersetzungen den Weg weisen. Selbst wenn der Kellner sich auf Deutsch verständigen könnte, er wird es erst zugeben, wenn man eine Weile auf Französisch mit ihm parliert und so seinen guten Willen unter Beweis gestellt hat. Wer glaubt, auf Englisch ausweichen zu können, befindet sich auf dem Holzweg. Immer noch sind die Bereitschaft und Fähigkeit, sich englisch zu unterhalten, die Ausnahme – erstaunlich, denn die »Grande Nation« beeinflusst mit der Raffinesse ihrer Zubereitungen und der Hochwertigkeit ihrer kulinarischen Produkte bis auf den heutigen Tag die Küchen dieser Welt in hohem Maße. Bresse-Hühner, Gänselebern, Barbarie-Enten, Charolais-Rinder und Périgord-Trüffeln sind hoch begehrte Export-Schlager.

Dabei stand am Anfang dieses Siegeszuges eine Ausländerin, nämlich die Florentinerin Katharina von Medici, die 1533 Henri II ehelichte. Ihr sind nicht nur verfeinerte Tischsitten und die Einführung der Gabel zu verdanken, sondern die Bereicherung des Speisezettels mit Melonen, Artischocken, Spargel, Trüffeln, Butter sowie einer Vielzahl von mediterranen Kräutern. Das Wichtigste aber, was sie an den französischen Hof mitbrachte, waren Köche, die sich auf die exquisite Zubereitung dieser Lebensmittel verstanden.

Trotz dieser langen Tradition gibt es auch in Frankreich häufig genug Anlass zu Reklamationen, denn die Gastronomie im Mutterland der Gourmets ist weit davon entfernt, perfekt zu sein. Zwar liefern die Sterne-Küchen makellose Ergebnisse, und auch weitaus mehr kleine Restaurants als hierzulande bieten sehr schmackhafte Gerichte mit frischen Zutaten. Ganz schwierig ist es jedoch, in den touristisch erschlossenen Gebieten etwas Anständiges zu bekommen. Schlechte Qualität bei exorbitanten Preisen ist fast die Regel. Hier jedoch sind unsere französischen Freunde in bester Gesellschaft. Der berühmte Spruch Robert Lembkes: »Die Hölle ist ein Platz, an dem Engländer kochen, Italiener den Verkehr regeln und die Deutschen Fernsehunterhaltung machen« trifft nur bedingt zu, denn negative Erfahrungen sind nationalitätenunabhängig zu sammeln. Immer dort, wo sich die Touristen ballen, also eigentlich an den schönsten und romantischsten Orten, ist die Qualität der Gastronomie am bedenklichsten, in Frankreich und Italien genauso wie hierzulande. Wer dort große Erwartungen an das Speisenangebot stellt, ist fehl am Platz, denn die Eigner haben sich offenbar auf den Geschmack des Massenpublikums eingestellt, das einfach zu befrieden ist und es zu schätzen weiß, wenn die Kleinen mit Pommes rot/weiß ruhiggestellt werden können. Dabei handeln sie in logischer Konsequenz: Die Nachfrage bestimmt das Angebot, und wenn es wirtschaftlichen Selbstmord bedeutet, höherwertige Gastronomie zu betreiben, gibt es keinen Grund, sich damit zu befassen. Bevor nicht ein generelles Umdenken in Bezug auf sinnvolle Ernährungsweise eingesetzt hat, wird sich an dieser Situation nichts ändern.

RESERVIERUNGEN

Spielt es in einfachen Gaststätten keine Rolle, ob Sie spontan hereinschauen, sind Sie in der besseren Gastronomie gut beraten, vorher zu reservieren, selbst mit zwei Personen. Obgleich im Normalfall nicht jeden Tag alle Tische ausgebucht sein werden – mit Ausnahme der besternten Häuser, die oft lange Wartelisten führen – ist es für die Küche einfacher, wenn sie sich bei ihren Vorbereitungen an der Anzahl der avisierten Gäste orientieren kann. Da alle Lebensmittel frisch gekauft werden und ein Überhang nicht wünschenswert ist, besteht ansonsten die Gefahr, dass ein Artikel »aus« ist, bevor die letzten Bestellungen in die Küche kommen. In unserem Restaurant wird täglich eingekauft und für den Bedarf produziert, wobei die Anzahl der Reservierungen das Kontingent bestimmt. Schade deshalb, wenn das selbst gebackene Brot nicht ausreicht und am späten Abend Baguette aus dem Supermarkt in die Körbchen kommt.

Beabsichtigen Sie mit mehr als zehn Personen essen zu gehen, sollten Sie nach Möglichkeit ein Menü vorbestellen, um Wartezeiten zu vermeiden. Die Befürchtung, es nicht jedem recht machen zu können, ist überflüssig. Es wird kaum jemals vorkommen, dass ein Gast mit der Wahl des Gastgebers unzufrieden ist, zumal Vegetarier und Allergiker besondere Berücksichtigung finden.

Ein Missverständnis tritt häufig bei der Menüzusammenstellung für größere Gruppen auf. Die Organisatoren erhalten Menüvorschläge in verschiedenen Preislagen, damit sie sich einen davon aussuchen können. Das Resultat sieht jedoch oftmals so aus, dass sich fast jeder Teilnehmer sein eigenes Menü zusammenstellt, also zwanzig Personen fünfzehn verschiedene Kombinationen wünschen. Da sich die Gerichte nicht automatisch auf der »Normalkarte« wiederfinden, bedeutet dies im Ernstfall, für eine Person Austern zu kaufen, für zwei Personen eine Suppe zu kochen, für zwei weitere eine Fischterrine herzustellen, von den Hauptgängen ganz zu schweigen. Obgleich sich jeder Küchenchef bemüht, auch ausgefallene

Wünsche zu ermöglichen, ist es in diesem Fall einfacher, die Bestellungen à la carte entgegenzunehmen.

Haben Sie eine Reservierung vorgenommen, die Sie nicht einhalten können, sagen Sie ab, niemand wird es Ihnen übel nehmen. Es ist nicht nur enttäuschend für abgewiesene Besucher, sondern es entsteht auch ein finanzieller Schaden, wenn Tische umsonst freigehalten werden. Jedes Restaurant ist darauf angewiesen, möglichst alle Plätze zu belegen, um wirtschaftlich zu arbeiten, denn es hängt nicht nur das Auskommen des Betreibers daran, sondern darüber hinaus noch Arbeitsplätze. Das sollten auch jene Gäste ins Kalkül ziehen, die bewusst für eine höhere Anzahl von Personen reservieren als tatsächlich erscheinen werden, damit sie sich an großen Tischen nach Herzenslust ausbreiten können – eine Unsitte, deren Häufigkeit zunimmt. Fast genau so schwierig zu handhaben ist die gegenteilige Situation. Erhöht sich die Anzahl der Personen und bleibt eine Mitteilung darüber aus, kann dies, besonders in kleinen Lokalen, bedeuten, dass zwei Stühle noch problemlos unterzubringen wären, drei jedoch eine größere logistische Leistung erfordern, will man nicht, dem Trend folgend, die Gäste wie Heringe an Minitischen mit 10 cm Abstand zusammenquetschen.

Jeder Gastronom wird sich bemühen, seinen Besuchern den Aufenthalt so angenehm wie möglich zu gestalten, ein bisschen Verständnis und Entgegenkommen darf aber auch er erwarten. Gewöhnlich findet sich schnell eine Verständigungsebene, auf der Probleme gemeinsam gelöst werden können, doch zuweilen verhindert überzogenes Anspruchsdenken einen Kompromiss. Wie im vergangenen Sommer, als eine Reservierung storniert wurde, da wir nicht bereit waren, den kleinen Sommergarten einem Paar für sein Tête-à-Tête exklusiv zur Verfügung zu stellen. Die Themen Exklusivität und Tischordnung bergen immer ein gewisses Konfliktpotential. Je nach Kapazität und Hochwertigkeit des ausgewählten Menüs wird die Mindestzahl für eine Komplettreservierung variieren. Auch zwei Personen können eine Gaststätte für sich allein mieten, wenn sie bereit sind, den entsprechenden Preis dafür zu bezahlen.

Im Zeitraum vor Weihnachten häufen sich die Reservierungsanfragen. In dieser Hauptgeschäftszeit des Jahres werden schwache Tage und Urlaubswochen ausgeglichen und jeder Betrieb ist darauf angewiesen, seine Kapazität möglichst auszulasten. Heikle Situationen können entstehen, wenn das

Restaurant komplett von einer Gruppe reserviert ist und die Personenzahl unvorhergesehen schrumpft. Deutet sich dies im Vorfeld an, kann man bis zu einer gewissen Grenze Rücksicht nehmen und die Anzahl der Menüs reduzieren. Anders verhält es sich, wenn ohne Vorwarnung weniger Personen erscheinen. In diesen Fällen ist eine Preisreduzierung unmöglich. Einige Gastgeber können sofort nachvollziehen, dass die vollständige, ursprünglich vereinbarte Menüzahl boniert werden muss, die anderen sollten Folgendes bedenken:

Sowohl der Einkauf als auch die Vorbereitung sind auf diese Gruppe zugeschnitten. Potentiellen anderen Gästen wurde für diesen Abend abgesagt. Das ganze Personal ist zur Stelle und verursacht Kosten. Wareneinsatz und Arbeitszeit sind verloren, denn die Gerichte können nicht weiterverwendet werden.

Bemerkenswerterweise treten bei solchen Situationen eher Konflikte mit Geschäftsklientel als mit Privatpersonen auf – kaum nachvollziehbar, denn gerade Firmen würden auch dann auf Bezahlung für georderte Produkte bestehen, wenn der Empfänger sie plötzlich nicht mehr benötigte. Gerade jenen, die sich mit Betriebskosten bestens auskennen, fehlt zuweilen jedes Verständnis, sobald es um ihre eigenen Interessen geht. 15 Personen möchten bei einem 3-Gänge-Menü zu moderatem Preis die Gaststätte für sich allein haben und sind höchst enttäuscht, wenn sie abgewiesen werden. Eine Gruppe von zwanzig Teilnehmern, durch eine Stornierung zufällig noch kurzfristig einbuchbar, aber nicht allein im Gastraum, hat größte Probleme, an drei großen Tischen statt an einer langen Tafel Platz zu nehmen. Die Beschwerde folgte per E-Mail auf dem Fuß, mit der Ankündigung, nicht mehr wiederzukommen.

Dies sind nur wenige Beispiele einer beliebig erweiterbaren Reihe von Diskrepanzen, die auf unterschiedlichen Interessenlagen gründen. Wie weit ein Entgegenkommen möglich ist, bestimmt immer das wirtschaftlich Machbare. Rechnet sich ein Auftrag nicht, wird ihn jeder Gastwirt, genau wie jeder andere Geschäftsinhaber auch, ablehnen müssen.

WOVON ABZURATEN – UND WAS ZU EMPFEHLEN IST

Es gibt Dinge, von denen Sie prinzipiell die Finger lassen sollten und andere, die nur bedingt in Frage kommen.

Im Restaurant tragen wir selbstverständlich allen Wünschen Rechnung, an dieser Stelle möchte ich jedoch Besucher, die nur Durchgebratenes mögen, darauf hinweisen, dass Lamm-, Hirsch- und Rehrücken sowie Entenbrüste umso härter werden und umso mehr zusammenschrumpfen, je länger der Bratvorgang dauert. Darauf hat der Koch keinen Einfluss. Es tut ihm in der Seele weh, wenn das Fleisch fasert, obgleich es weniger Sorgfalt in der Zubereitung erfordert. Auf den exakten Garpunkt braucht nämlich niemand zu achten, durch ist durch. ***15**

So wie der Brunch ein Resteverwertungs- und Recyclingsystem sein kann, ist dies auch bei »Überraschungsmenüs« möglich. Pfiffige Gastronomen bieten sie an – die »Rumfort«-Methode grüßt auch hier –, um bisher Unverkäufliches loszuwerden, denn der Gast weiß nicht, was die Kühlschränke an Überbleibseln bergen. Überlegen Sie es sich also, ob Sie wirklich überrascht werden wollen. Es klingt zwar nach schmeichelhafter Aufmerksamkeit, kann auch richtig gut gemacht sein, aber mit einer fest definierten Menüfolge sind Sie immer auf der sicheren Seite. Zu bedenken ist hierbei weiterhin, dass eine Weinauswahl im Vorfeld nicht möglich ist.

Fische sollten Sie nur in Restaurants essen, von denen Sie genau wissen, dass dort frische Produkte zubereitet werden. Die Speisenkarte gibt Aufschluss darüber. Weist sie nur ein einziges Fischgericht auf – Seezunge oder Scholle sind in diesen Fällen äußerst beliebt –, ist es fast sicher, dass die Filets im Tiefkühler auf die Bestellung warten. Bestenfalls schnell in heißem Wasser aufgetaut, schlimmstenfalls gefroren in die Fritteuse geworfen, sind sie zwar essbar, aber enttäuschend im Geschmack und häufig trocken. Da kein Fond für eine Sauce zur Verfügung steht, werden sie entweder gegrillt oder mit einer artifiziellen Sauce serviert, welche das Gericht mitunter vollständig dominiert.

Schöne Fischgerichte erhalten Sie in fast allen spanischen, einigen griechischen und portugiesischen Restaurants. Sie müssen dabei allerdings in Betracht ziehen, dass die Fische im Ganzen serviert werden, und zwar vom Grill, ohne Sauce, ganz im Sinne der mediterranen Tradition dieser Länder, deren Küche von der Grundstruktur eher einfach ist. Die Kunst des Kochens fängt jedoch eigentlich erst bei der Saucenbereitung an, die dem spezifischen Geschmack eines Fisches angepasst ist und mit ihren ausgewählten Aromen immer neue Varianten ermöglicht. Allerdings eröffnet sich hier auch eine Fehlerquelle, da der zarte Geschmack einiger Fischarten bei intensiven Gewürzen kaum noch zum Tragen kommt. Während Lachs ohne Probleme eine kräftige Thai-Currysauce verträgt, wäre diese für einen Steinbutt tödlich.

Die Tradition, Zitrone zum Fisch zu reichen, stammt aus Zeiten, wo die Frische nicht immer gewährleistet war. Es erübrigt sich also – zumindest in der gehobenen Gastronomie – nach der Zitronenscheibe zu verlangen, denn sie erzwingt einen Geschmack, der vom Koch nicht erwünscht ist.

Verzichten Sie auf den Einsatz der Pfeffermühle, denn an vielen Gerichten hat Pfeffer überhaupt nichts zu suchen. Es macht beispielsweise keinen Sinn, Beilagen zu pfeffern (vielleicht mit Ausnahme von Ratatouille) oder Saucen so zu misshandeln. Vertrauen Sie der Küche; sie entscheidet, wo er hingehört. Flächendeckendes Pfeffern mindert den Eigengeschmack der Produkte und führt zu Eintönigkeit, zudem kann es zu unerwünschten Wechselwirkungen mit dem Wein kommen. Die Verwendung überdimensionaler Pfeffermühlen bei allem, was auf den Tisch kommt, ruft die unangenehme Vermutung wach, dass die Köche keinen Plan haben, nicht in der Lage sind, exakt abzuschmecken.

Fisch sollte niemals nach Fisch riechen. Tut er es dennoch, ist er entweder nicht frisch oder in sehr schlechtem Öl gebraten. Er muss deshalb nicht unverträglich sein, macht aber auch keine Freude. Gehen Sie mit sich zu Rate, ob Sie Fisch am Ostermontag oder am zweiten Weihnachtsfeiertag bestellen möchten. Er kann nicht frisch sein, das versteht sich von selbst, aber die Gefahr ist nicht unerheblich, dass er das genießbare Stadium bereits hinter sich hat. Auf Eis hält sich Fisch zwei bis drei Tage, danach beginnt der Zersetzungsprozess. Wird er also am Donnerstag gekauft, haben Sie an besagten Tagen große Chancen, wenn nicht verdorbene, so doch überlagerte Ware zu erhalten. Gehen Sie nicht davon aus, dass

Fragwürdiges im Vorfeld entsorgt wird. Wenn der Fischverkauf hinter den Erwartungen zurückbleibt, ist die Versuchung groß, zur Verminderung des Verlustes erst den alten Warenbestand aufzubrauchen, bevor eine neue Lieferung auf die Teller kommt. Wird er mit Knoblauchsauce serviert, sollte dies ein Warnsignal sein, denn die übertönt auch unangenehmen Geschmack.

Noch schwieriger ist der Umgang mit Muscheln. Wer jemals eine Muschelvergiftung hatte, kann nachvollziehen, weshalb nur Mutige in unbekannten Restaurants Muscheln bestellen. Muscheln sind Vertrauenssache. Wagen Sie sich nur daran, wenn Sie absolut sicher sein können, dass jede geöffnete oder beschädigte Muschel aussortiert wurde. Das erfordert Arbeit, die nicht jeder zu leisten gewillt ist und erhöht den Wareneinsatz, den nicht jeder bereit ist zu tragen. Deshalb versuchen Sie im Zweifelsfall lieber in der eigenen Küche Ihr Glück. Die Schalentiere sind im Handel preiswert zu erhalten und auch von ungeübten Köchen leicht zuzubereiten, obwohl das Putzen etwas Zeit erfordert.

In diesem Zusammenhang ein kleiner Tipp: Wenn immer nur so viele Muschen in eine heiße Pfanne mit Olivenöl gegeben werden, dass sie den Boden bedecken und ein Deckel das Behältnis verschließt, öffnen sie sich in Sekunden. Im vorbereiteten Sud ziehen sie dann gar. Das war der Hinweis für die Zartbesaiteten, denn so tötet man sie mit Abstand am schnellsten. Für die Robusteren unter Ihnen: Wussten Sie, weshalb man frische Austern mit Zitronensaft beträufelt? Angeblich beweist ein minimales Zucken, dass sie noch leben, und nur so garantieren sie den größten Genuss.

Mittlerweile besinnen sich einige Restaurants auf regionale Gerichte, die eine lange Tradition haben. Aber auch hier ist gutes Handwerk gefordert, wenn es schmecken soll, und oft stimmt der Anspruch nicht mit dem Gebotenen überein. Die Grüne Sauce ist wässrig oder eine dicke Mayonnaisepampe, die Bratkartoffeln fetttriefend, das Sauerkraut seit vier Tagen immer wieder aufgewärmt. Gemüse? Fehlanzeige, denn das verlangt mehr Arbeit; dafür aber welker Salat mit roten Schnittstellen – ein sicheres Zeichen dafür, dass er mindestens seit dem letzten Tag auf den Gast wartet – in verdünntem Dressing aus dem Eimer. Leider sind viele deutsche Restaurants immer noch nicht in der Lage oder willens, ein anständiges Speisenangebot zu liefern. Nach wie vor dominiert ein weites

Spektrum von Schnitzelvariationen, begleitet von paniertem Seelachs mit Remouladensauce die Karten, und der Zug rumpelt auf den eingefahrenen Geleisen weiter.

Solange jene Gaststätten allerdings Zulauf haben, wird sich nichts daran ändern. Ein Umdenken wäre die Voraussetzung, die Fähigkeit, Qualität von Schund zu unterscheiden und die Bereitschaft, ein Weniges mehr dafür auszugeben. Die Preisdifferenz ist in Wirklichkeit nicht sehr groß, da schon für Schweinelendchen, im Großhandel als Eisblock äußerst günstig zu erstehen, mit vorgefertigten, frittierten Kroketten, Sauce béarnaise oder hollandaise aus der Schachtel nebst einem kleinen Beilagensalat, zwischen 12 und 14 € verlangt werden. Jedem Kunden wäre zu wünschen, dass er die Einkaufswagen der Betreiber dieser Art von Gastronomie im Großmarkt sehen könnte. Sie sind übervoll mit Konserven, Großpackungen von Trockensaucen, Glutamat und tiefgefrorenem Fleisch. Das einzig Frische ist die Steige mit dem obligaten Kopfsalat.

Ein Blick auf die überquellenden Teller, welche eine große Zahl von Gaststätten ihren Besuchern zumuten, das Neben- und Durcheinander von fragwürdigem Gemüse, dicklichen Saucen und minderwertigem Fleisch, garniert mit einem Petersilienblättchen und einer achtel Tomate, kann eigentlich keine rechte Freude aufkommen lassen. Diese Vermutung liegt zumindest nahe, hat aber nichts mit der Realität zu tun: Nach wie vor werden solche Kreationen heiß geliebt, suggerieren sie doch durch ihre schiere Menge ein wunderbares Preis-Leistungsverhältnis. Tatsächlich wird hier jedoch an allem gespart: Selbst das Salatdressing ist mit Wasser gestreckt und das Personal erhält Löhne weit unter Tarif – ein Grund, weshalb kaum ein Deutscher gewillt ist, in der Küche zu arbeiten.

Aus ernährungsphysiologischer Sicht ist das Angebot nicht zu verantworten. Angesichts der flachgeklopften, dick panierten Schnitzel aus der Fritteuse neben den Bergen fetttriefender Pommes erstaunt das zunehmende Übergewicht unserer Bevölkerung nicht im geringsten. Zwar ist der Hinweis auf die krankheitsauslösende Wirkung von Zigaretten mittlerweile Allgemeingut geworden, doch wäre es sinnvoll, das Risikobewusstsein auch im Hinblick auf bedenkliche Nahrung zu schärfen. Vielleicht hülfe, im Angesicht dieser nationalen Katastrophe, der folgende Vorschlag an den Gesetzgeber: uneinsichtigen Gastwirten aufzuerlegen, neben ihrer

Speisenkarte ein gut lesbares Schild zu befestigen, etwa mit dem Wortlaut »Dieses Essen kann Ihre Gesundheit beeinträchtigen oder schädigen«.

Eine geradezu verheerende Rolle spielt die zunehmende Verbreitung von XXL-Portionen. Sie sind nicht nur extrem kalorienreich, sondern es wird, wie Forschungen ergeben haben, umso mehr gegessen, je größer die Menge auf dem Teller. Dieser Trend aus den USA ist hierzulande mit Riesenschritten auf dem Vormarsch, erfolgreich offenbar auch deshalb, weil man für anscheinend wenig Geld einen großen Gegenwert erhält. Im Vergleich mit Frankreich ist in den Staaten ein Hotdog um 63 %, ein Joghurtbecher um 82 % größer. Ein Croissant wiegt in Paris 30 g, in Philadelphia 60 g. Erfolgt hier keine Rückbesinnung – und nichts deutet darauf hin – haben wir bald amerikanische Verhältnisse, was Übergewicht und Gesundheitsschäden betrifft.

Um Missverständnisse auszuschließen: Keinesfalls in die Kritik einbezogen werden die bodenständigen Lokale mit deftigem, preiswertem Essen, sondern es geht um jene, die mit schlechtester Qualität, minimalstem Waren- und Personaleinsatz das Gastgewerbe in Verruf gebracht haben. Deutsche wie ausländische Gastronomie bietet häufig zu völlig überteuerten Preisen ihre Speisen und vor allem auch Weine an. Ein offener Pinot grigio oder Riesling zählt nicht selten zu den Weinen der unteren Kategorie, kostet jedoch zwischen 5 und 6 € pro Glas. Erstaunlich auch hier, dass das Gros der Kunden es gerne hinnimmt, ja überzeugt ist von der Güte dieser Tropfen. Während Italiener italienischen, Franzosen französischen, Amerikaner kalifornischen Wein trinken, ordern die Deutschen Pinot grigio. Ein heimischer Grauburgunder, exakt die gleiche Rebe, ist offenbar nur halb so interessant, obwohl Deutschland auf diesem Sektor weltweit mit an der Spitze liegt.

Ebenso schwierig nachzuvollziehen ist übrigens, weshalb Prosecco als Apéritif einem deutschen Winzersekt, der spanischen Variante Cava oder dem französischen Crémant – zumindest in Frankfurt – vorgezogen wird. Mit Sicherheit ist gegen einen guten Prosecco nicht das Geringste einzuwenden, die Qualität lässt jedoch allzu häufig Wünsche offen. Mit einfachstem Frizzante zu maximal 2,50 € pro Flasche im Einkauf, flach im Geschmack, schal bereits im Glas, wird der Kunde jedoch übervorteilt. Ein hochwertiger Prosecco Spumante kostet sein Geld, aber wenn um die

5 € für 0,1 l aufgerufen werden, darf der Gast eine angemessene Leistung erwarten.

Nach dieser kleinen Übersicht von Bedenklichem nun zu dem, was der Gast in der anspruchsvolleren Gastronomie problemlos bestellen kann – oder was zu bestellen sich regelrecht lohnt:

Ganz pauschal lässt sich sagen, dass das Teuerste eigentlich das Preiswerteste ist. Sehr einfach können Sie dies bei den großen Menüs nachvollziehen, die zwar nicht billig, im Verhältnis zu den À-la-carte-Gerichten aber knapp kalkuliert sind. Natürlich sind die einzelnen Gänge etwas kleiner, dafür erhalten Sie jedoch ein ganzes Spektrum von Geschmacksnuancen, die der Küchenchef äußerst akribisch zusammengestellt hat. Aus diesem Grund sollten Sie davon absehen, Gänge austauschen zu wollen, da sie in ihrer Folge aufeinander abgestimmt sind und sich im Idealfall zu einer wunderschönen Harmonie verbinden. Finden Sie Trüffeln, Hummer oder Kaviar auf der Karte, bestellen sie diese Gerichte! Sie sind Dienst am Kunden. Mit diesen Produkten kann kein Restaurant reich werden. Ihr Angebot soll den Gästen eine Freude bereiten, die Gewinne fallen bei den hohen Warenkosten marginal aus. Ähnlich verhält es sich, abgesehen von der ganz hochpreisigen Gastronomie, mit dem offenen Champagner. Werden nur ein oder zwei Gläser geordert und folgt am nächsten Abend keine weitere Bestellung, kann die Flasche – vom hoffentlich aufmerksamen Service – ohne Umweg über den Gast sofort entsorgt, bestenfalls noch zum Kochen verwendet werden.

ROLLE UND EINFLUSS DER GASTROKRITIKER

Ich möchte nicht auf die etablierten Gastro-Führer wie *Guide Michelin*, *Aral Schlemmer Atlas* oder *Varta* eingehen, denn hier sind Profis am Werk, in der Regel ausgebildete Küchenmeister. Sie können die Leistung einer Küche einschätzen, auch wenn sie vielleicht nicht ihrem eigenen Geschmack entspricht. Wir sind in den meisten gelistet, werden aber auch von einigen, wie dem *Feinschmecker* oder dem *Gault Millau* komplett ignoriert. Die Gründe hierfür kennen wir nicht, sind aber gerade beim Letzteren keineswegs unglücklich darüber, denn er ist bekannt dafür, Häme über Restaurants zu ergießen, die sich im letzten Jahr noch großen Lobes erfreuten, vielleicht um den Unterhaltungswert zu steigern oder die Schadenfreude der Konkurrenz anzuheizen.

Schwieriger wird es schon, wenn Journalisten Kritiken schreiben, die zwar über einen großen Erfahrungsschatz verfügen, aber nicht über eine profunde Ausbildung, die auch das exakte Wissen um Zubereitungsweisen einschließt. Sie vertrauen ihrem eigenen, zweifellos geschulten Geschmack, und genau hier liegt das Problem.

Vor nicht allzu langer Zeit besuchte uns einer dieser Kritiker und bestellte sein Steak »medium-rare«. Nun gibt es eine genaue Definition der Gartemperatur, die in der kleinen Spanne zwischen 50–55 Grad liegt, welche wir beim Niedrigtemperaturgaren im Wasserbad unter Luftabschluss (Sous-vide-Verfahren) durch Fühler bestimmen können. Der Herr reklamierte sein Steak als »zu durch«. Natürlich bekam er ein neues Stück Fleisch, dieses Mal mit einer Kerntemperatur von 38 Grad, was der Garstufe *bleu* oder *rare* – also roh – entspricht und genau seine Vorstellungen traf. Obgleich kein Versagen der Küche vorlag, teilte er dem Service mit, dass unser Restaurant leider nicht in den Genuss einer positiven Kritik gelangen könne.

Ganz schwierig gestaltet sich die Angelegenheit, wenn Gäste für Gäste schreiben, denn hier ist es Glückssache, wie das Resümee ausfällt. Im besten Falle sind diese Tester selbst Hobbyköche auf hohem Niveau und haben ihr Wissen durch die Teilnahme an Kochkursen vertieft, aber allzu häufig besteht ihre Qualifikation einzig darin, gerne zu essen. Bietet eine Küche zufällig das an, was ihnen schmeckt, steht sie gut da, anderenfalls ist es leicht möglich, dass sie negativ eingestuft wird. Da weder Informationen über die Kosten der Produkte noch den Zeitaufwand ihrer Verarbeitung vorhanden sind, steht dem Lob über das gute Essen nicht selten die Klage über zu hohe Preise entgegen. Andererseits erhalten Restaurants, die auf Vorgefertigtes setzen, große Anerkennung für ihr fabelhaftes Preis-Leistungs-Verhältnis, da man Convenience-Produkte nicht als solche erkennt. Und das ist das Ärgerliche an der ganzen Angelegenheit. Während mein Mann mit seinem fest angestellten Kollegen Stunden damit zubringt, Ravioli, Terrinen, Pasteten, Gratins, Suppen und Desserts herzustellen, bringen dort Küchenhelfer die Einkäufe aus dem Großmarkt auf die Teller – und die Tester merken es nicht. Restaurants werden in den höchsten Tönen gelobt, über deren Angebot wir bestens informiert sind, da wir ihre Einkaufswagen kennen, aber Besucherscharen folgen den Tipps und tragen auf diese Weise zu deren Erfolg bei. Um es nochmals zu betonen: Nicht der Einsatz von Convenience ist der kritische Punkt, sondern die Selbstverständlichkeit, mit der sie zum Maßstab einer guten Küche geworden ist. Die Frage darf erlaubt sein, wem nun die Empfehlung gilt, dem Hersteller der Artikel oder dem Gasthaus, das sie anbietet. Es wäre ein großer Schritt nach vorn, würde auf diesem Gebiet eine Differenzierung erfolgen.

Wird noch das Ambiente in die Wertung mit einbezogen wie im jährlich erscheinenden Magazin der Zeitschrift *Prinz*, ist der Gastronom auch dieser Kritik hilflos ausgeliefert. In einer Ausgabe fanden es die Tester spießig, die »neue« Farbgebung (seit zwölf Jahren unverändert) unmöglich, den Krimskrams auf den umlaufenden Balustraden (Dekantierkaraffen für den täglichen Gebrauch und einige Teelichter) kitschig, im nächsten Jahr hoben sie das *Estragon* als »Restaurant mit Seele« hervor. Angesichts der Verbreitung und Publikumswirksamkeit dieser Veröffentlichungen kann man nur den Atem anhalten und hoffen, dass es glimpflich abgeht.

Dasselbe gilt für die wachsende Zahl von Internetforen, die Bewertungen von Restaurants für Gäste anbieten, denn die Beiträge verbleiben dort für lange Zeit. Wir freuen uns natürlich über die vielen positiven Berichte, aber es gibt auch solche, die jeder Grundlage entbehren. Vor einigen

Jahren ließ eine Gruppe von Gästen kein gutes Haar an unserer Küche und verstieg sich sogar zu der Behauptung, das Essen sei »glutamatverseucht«. Mit Hilfe eines Anwalts konnten wir den Provider dazu zwingen, diese unhaltbare Unterstellung zu entfernen, stehen blieb jedoch der Vorwurf, man habe nicht einmal in Ruhe essen oder sich unterhalten können, weil der Aschenbecher ständig gewechselt worden sei. Dass dies nicht geschah, um sie zu belästigen, sondern andere Gäste vor Belästigung zu schützen – auf den Gedanken kam man erst gar nicht.

EIN BLICK HINTER DEN GASTRAUM

Die Ausstattung von Küchen ist sehr unterschiedlich. Während in einfachen Restaurants Fritteuse und Grillplatte unentbehrliche Utensilien sind, nehmen in der gehobenen Gastronomie spezielle Öfen wie Kombidämpfer und Konvektomaten diese Plätze ein, Geräte, die schonendes Garen ermöglichen. Wer fertiges Eis in Boxen anliefern lässt, braucht keine Sorbetiere, sondern einen großen Gefrierschrank. Wo keine Terrinen und Farcen hergestellt werden, lohnt sich die Investition in einen *Paco-Jet* nicht. Wird das Brot nicht selbst gebacken, erübrigt sich der *Thermomix*. Legt man keinen Wert auf den optimalen Garpunkt von Fleisch, ist auch ein Vakuumiergerät samt Wasserbad überflüssig, welches Niedrigtemperaturgaren ermöglicht. Alle diese sündhaft teuren Geräte gestatten optimale Arbeitsbedingungen und lohnen ihre Anschaffung.

Bei den meisten Restaurantküchen hapert es schon an der Größe. Um eine Vollkonzession zu erhalten, sind 15 m2 das Mindeste, tatsächlich aber knapp bemessen. Ideal ist eine Küche, deren Größe der des Gastraumes entspricht, damit alle Gerätschaften übersichtlich angeordnet und gut zugänglich sind. Altkonzessionierte Gaststätten haben oft erheblich weniger Raum zur Verfügung, da sie schon lange Zeit bestehen und früher andere Vorschriften galten. Enge, dunkle Löcher stellen hier nicht die Ausnahme, sondern die Regel dar, und Arbeitsabläufe komplizieren sich durch schieren Platzmangel. Es erfordert logistisches und organisatorisches Geschick, jene Küchen sauber zu halten, denn dies gelingt nur, wenn ständig Gegenstände umgeräumt werden, damit sich keine Schmutzecken bilden können.

Durch die andauernde Fettexposition bildet sich sehr schnell ein wasserunlöslicher Film. Es reicht nicht aus, jeden Abend alles abzuwischen, mindestens einmal pro Woche ist außerdem eine Grundreinigung nötig, welche vor allem auch die Dunstabzugshaube einschließt, da sonst das kondensierte Altöl in die Töpfe und Pfannen auf dem Herd tropft. Diese schmutzige und unangenehme Arbeit erfordert ein hohes

Verantwortungsbewusstsein des Küchenleiters: Er hat diese Tätigkeiten zu kontrollieren, die zu den unbeliebtesten zählen und an denen sich Mitarbeiter gerne vorbeimogeln. Die Ermittler des Ordnungsamtes wissen ein Lied zu singen über Arbeitsbereiche, die jeder Beschreibung spotten und die ein Außenstehender besser niemals zu Gesicht bekäme. Während meiner Tätigkeit für die *Frankfurter Neue Presse* war ich zwei Tage lang mit den Kontrolleuren unterwegs, und die Erlebnisse übertrafen meine schlimmsten Befürchtungen.

In den Küchen der Frankfurter Gaststätten trifft man Menschen aller Nationalitäten an, die für das leibliche Wohl der Gäste sorgen. Jedoch nicht alle sind auch offiziell angemeldet, einige besitzen sogar weder Einreise- noch Aufenthaltserlaubnis. Sie sind nicht nur der Willkür ihrer Arbeitgeber ausgesetzt, sondern unterliegen auch keiner Kontrolle durch das Gesundheitsamt. Ihre Vorstellungen von Hygiene stammen aus einem ganz anderen Kulturkreis, weshalb auch ein Unrechtsbewusstsein nicht erwartet werden kann.

Um diesem Treiben Einhalt zu gebieten, wurde 1998 eine sechsköpfige Sondergruppe der Gewerbeaufsicht im Ordnungsamt gegründet. Durch ständige Kontrollen und der damit verbundenen Überprüfung der Mitarbeiter ist es in dieser Zeit gelungen, den Anteil der illegal Beschäftigten drastisch zu senken, denn um ein Kavaliersdelikt handelt es sich hier beileibe nicht. Es geht nicht nur um die Tatsache, dass dem Staat Steuern entgehen, sondern es entstehen gesundheitliche Risiken für Gäste, deren Speisen von diesen Mitarbeitern zubereitet werden. Die Kontrolleure sind täglich unterwegs und finden häufig genug unhaltbare Zustände vor. Sie erzählten mir von Küchenhelfern mit hochansteckenden Krankheiten, von einem bulgarischen Studenten, der mit ekzembedeckten Händen Pizzateig knetete, fünfzehn Indern, die in ihrer beengten Unterkunft den Salat schnitten und in Schüsseln zu ihrem Betrieb brachten.

Leider sind diese Beispiele keine Einzelfälle, sondern täglich anzutreffende Realität, die ich selbst erleben durfte, als ich die Ermittler begleitete. Von durchschnittlich drei kontrollierten Lokalen pro Tag ist mindestens eines dabei, das massiven Anlass zur Beanstandung gibt, und wir trafen unsägliche Zustände an. In einem Lokal wurde Suppe in einer Tiefkühltruhe zubereitet und praktischerweise auch gleich darin eingefroren, um bei Bedarf Schichten davon abkratzen zu können. In unserem Beisein kippte man Reis, der auf Tellern und Schälchen vom Gast zurückkam, mit großer Selbstverständlichkeit in den Topf zurück, um das nächste Opfer zu beglücken. In einem Restaurant in Domnähe stapelten sich in Küche, Gängen und Nebenräumen Pappschachteln mit Fisch, Geflügel und Garnelen, welche darin vor sich hintauten. Schleierhaft war, wo man beabsichtigte, diese Mengen unterzubringen, denn jeder der sieben Tiefkühler war randvoll. Bei der Inspektion der schmuddeligen Lagerräume fanden wir in der hintersten dunklen Ecke eine Kühltruhe, gefüllt mit einer trüben Brühe. Bei näherem Hinschauen stellte sich heraus, dass in diesem fast undurchsichtigen, exkrementeverschmutzten Wasser lebende Fische ihr Dasein fristeten, bis ein Gast sie erlösen würde. Um auf die Schnelle einen Anschein von Sauberkeit zu erwecken, kehrte ein Küchenhelfer die Abfälle zusammen und beförderte sie mit den Händen in den Müll. Als ihn gleich darauf der Koch um ein Stück Fleisch bat, fasste er mit ungewaschenen Händen in den Kühlschrank und reichte es ihm. Gefährlich erwies sich auch der Fluchtweg, vollgestellt mit Lebensmitteln, Fässern, Kisten, der höchstens einer Person Durchschlupf bot und bei einer Panik zur Falle geworden wäre.

Ich hielt es nicht für möglich, dass diese Erfahrungen übertroffen werden könnten, aber der nächste Tag sollte mich eines Besseren belehren. Wir kamen in die Küche eines Restaurants im Bahnhofsviertel und fingen sofort an, nach Halt zu suchen, denn der Boden war mit normalem Schuhwerk nicht zu betreten. Eine Fett- und Schmutzschicht ließ jede Bewegung zum Balanceakt geraten, genau so, als würde man auf Schmierseife laufen. Es erwies sich allerdings nicht als ratsam, sich irgendwo festhalten zu wollen, denn jeder Griff, jede Tür, jede Abdeckung klebte vor Schmutz. Die Kühltruhen enthielten Plastikbeutel mit undefinierbarem Inhalt, ohne jeden Hinweis auf ihre Haltbarkeit. Große Mengen vakuumverpacktes Fleisch tauten in einer Kiste auf dem Küchenboden auf, dessen Etiketten weder Herkunft noch Haltbarkeitsdatum aufwiesen. In den Kühlhäusern lagerten übrig gebliebene Geflügelteile direkt auf dem verschmutzten Regalboden, daneben standen Eimer mit unappetitlichen Resten. Die Regale mit Trockenvorräten waren mit Mäusekot übersät; aufgerissene Packungen boten reichlich Nahrung. Dieselbe Hinterlassenschaft fand sich in jeder Ecke, selbst im Gastraum an etwas schlechter einzusehenden Stellen. Als wir das Etablissement verlassen hatten, kam das mitgeführte

Desinfektionsmittel für Hände und Schuhsohlen zum Einsatz! In solchen Fällen werden die vorgefundenen Zustände mit Fotos dokumentiert und das Veterinäramt informiert, das weitere Ermittlungen vornimmt, zuweilen mit dem Ergebnis einer sofortigen Schließung. Im Nachhinein stellte sich zudem heraus, dass einer der Mitarbeiter eine falsche Identität angenommen hatte, um in den Genuss von Sozialleistungen zu gelangen – eine häufig anzutreffende Vorgehensweise.

Die Beschäftigung von Arbeitnehmern ohne Papiere und Aufenthaltsgenehmigung zieht sich durch die gesamte Gastronomie. In einem teuren Restaurant in der Innenstadt fielen sechs von dreizehn Küchenbeschäftigten in diese Kategorie. Die Betreiber stellen dabei eine Kosten-Nutzen-Rechnung auf: Geht es ein Jahr gut, sparen sie ungefähr 30 000 € bei einer Strafe von ca. 6000 €. Die Entscheidung fällt also leicht. Und für den Fall der Fälle gibt es häufig einen Notplan. Taucht das Ordnungsamt auf, versuchen die Mitarbeiter, gewarnt durch ein vereinbartes Signal, über vorher festgelegte Fluchtwege zu entkommen, sodass der eine oder andere zuweilen entwischen kann.

Trotz allem haben die systematischen Einsätze mittlerweile Wirkung gezeigt. Bei Arbeitnehmern indischer Herkunft ist dies besonders augenfällig. Im Jahr 2000 belief sich die Zahl der Festnahmen noch auf 126, 2008 waren es unter 10. Es erfolgte eine Abwanderung in Gegenden mit weniger scharfen Kontrollen, nachdem der Boden in Frankfurt zu heiß wurde. Das Problem ist also nicht abgeschafft, sondern hat sich nur verlagert.

Die Küchen vieler kleiner Lokale, denen nur Teilkonzessionen zugestanden wurden, sind kaum geräumiger als Abstellkammern. Hier ist nur Aufwärmen, nicht Herstellen erlaubt. Um einen höheren Umsatz zu erwirtschaften, liegt es jedoch nahe, diese Einschränkung schlicht zu ignorieren, darauf vertrauend, dass Ordnungs- und Veterinäramt ihre Augen nicht überall haben können. Doch auch dies ist keineswegs ein Kavaliersdelikt, denn in solch drangvoller Enge sind die hygienischen Vorschriften nur schwer einzuhalten. Konservendosen, die tagelang geöffnet herumstehen, bilden einen Nährboden für Bakterien und Schimmelpilze, genauso wie Bretter, auf denen Hähnchenbrust, Salat und Fisch nacheinander geschnitten werden. Pfannen und Töpfe, aus Platzmangel auf dem Boden abgestellt, locken Mäuse an, die fast jeden Keller eines Altbaus bewohnen und nur auf solche Gelegenheiten warten. Mit Giftködern ist ihnen kaum beizukommen, denn erfahrene Tiere lassen sie liegen. Mehr Erfolg verspricht schon der Verschluss sämtlicher Schlupflöcher, auch wenn auf diese Weise vermutlich einige Mausoleen entstehen, und vor allem die bewährte Mausefalle. Es bedarf jedoch großer Konsequenz im Vorgehen, auch im Hinblick auf den Umgang mit Lebensmitteln, denn nur wo nichts liegen bleibt, kann keine Maus überleben.

Für die Aufbewahrung frischer Produkte ist meist nicht genügend Kühlraum vorhanden, sodass Tiefkühlkost und Konserven zum Einsatz kommen. Dies sollten Sie als Gast bedenken, wenn Sie in solchen Mini-Läden ein warmes Hauptgericht mit Beilagen verspeisen. Allen wäre weitaus besser gedient, wenn die durchaus sinnvollen Vorschriften generelle Beachtung fänden. Glücklicherweise hält sich die Mehrzahl der betreffenden Gaststätten an die Bestimmungen und richtet ihre Auswahl danach aus, indem sie lediglich ansprechende Kleinigkeiten zu Bier oder Wein offeriert.

Mit etwas mehr kritischer Aufmerksamkeit des Verbrauchers würde sich das Problem ohnehin von allein lösen, denn jede Art von Gastronomie – sofern sie engagiert betrieben wird – kann ihre Nische mit speziellen Angeboten finden und wird nicht darauf angewiesen sein, alle Geschmacksrichtungen zu bedienen. Da viele Köche allerdings mittlerweile zu kochen verlernt haben, kann nicht jedes Gasthaus Speisen aus eigener Herstellung anbieten. Der Betreiber hat es jedoch in der Hand, solchen Produzenten den Vorzug zu geben, die auf Zusatzstoffe verzichten, denn dazu genügt ein Blick auf die Zutatenliste. Vorreiter bei Tiefkühlprodukten war die Firma *Frosta*, die das zunächst mit Umsatzrückgängen büßte, da ihr Angebot um ein Weniges teurer war als das der Konkurrenz. Inzwischen hat sich das längst relativiert und die Produkte sind auf dem Markt etabliert.

Es ist jedoch noch eine lange Wegstrecke zurückzulegen, um den Prozess der Desensibilisierung zu stoppen, denn der Geschmackssinn vieler Menschen hat bereits Schaden genommen. Als ich einem Gast unser Sorbet aus Waldhimbeeren empfahl, das nur aus Früchten und Läuterzucker besteht, war er tief enttäuscht über den »nichtssagenden« Geschmack. Hier genau liegt das Problem. Wer an künstliche Aromastoffe gewöhnt ist, findet keinen Gefallen an Naturbelassenem. Es müsste also ein Training zur Unterscheidung von künstlichen und natürlichen Aromastoffen stattfinden, besonders bei jungen Menschen, die mit Fertiggerichten aufgewachsen sind. Es ist erschreckend zu sehen, dass Praktikanten in unserem Restaurant den Geschmack von frischen Paprika nicht kennen, geschweige denn von Rosmarin, Thymian oder auch nur Petersilie. Ein weites Spektrum von Speisen wird auch deshalb gemieden, weil Kulturtechniken nicht mehr zur Verfügung stehen, die zum Beispiel das Ablösen vom Knochen bei Geflügel oder von der Gräte beim Fisch erlauben. Das korrekte Essen mit Besteck bereitet Schwierigkeiten, da es nicht mehr erlernt werden muss. Hamburger nimmt man in die Hand, für Vorgefertigtes reicht die Gabel.

Ich habe bereits darauf hingewiesen, dass Essen genauso wie das Lernen einer Fremdsprache Übung erfordert. Ein verschwindend kleiner Anteil der Bevölkerung, nämlich nicht mehr als 5 %, sind geübte Esser, die sich nicht mit dem Einheitsbrei zufriedengeben. Diese kleine Minderheit ist von der gehobenen Gastronomie heiß umkämpft, was erklärt, weshalb anspruchsvolle Restaurants durchaus nicht immer voll besetzt sind im Gegensatz zu jenen, die zwar nicht billiger sind, aber dem gängigen Trend folgen.

Ein Umdenken hat jedoch bereits begonnen, auch wenn es sich noch nicht in den Köpfen aller etabliert hat. Das Gefühl, etwas bewirken zu können und die Wertschätzung unserer Gäste sind ein großer Ansporn, auf dem beschrittenen Weg weiterzugehen, ungeachtet der hohen Arbeitsbelastung. Gastronomie ist kein Job wie jeder andere, sondern eine Berufung. Wir sind noch immer mit ganzem Herzen dabei und freuen uns auf die Arbeit, auch wenn sie unser Leben bestimmt. Selbst nach Geschäftsschluss bei einem Glas Wein wird der Abend rekapituliert und der nächste Tag geplant, denn »nach dem Kochen ist vor dem Kochen«.

Die Anzahl der kritischen Bemerkungen soll nun keinesfalls den Eindruck erwecken, dass es gute Gastronomie auf bezahlbarem Niveau nicht gäbe – sie ist nur relativ selten anzutreffen. Viel weiter verbreitet sind Gaststätten, die zwar den Anspruch vor sich hertragen, bei näherem Hinschauen die geweckten Erwartungen jedoch nicht erfüllen. Dieses Buch versteht sich als Versuch einer Hilfestellung zum Unterscheiden zwischen Schein und Sein, Seriosität und Augenwischerei.

Auch wenn ihre Zahl gering ist – sie existieren, die begnadeten Köche, immer neue Herausforderungen annehmend und Ziele suchend, an denen sich der engagierte Kollege messen und immer wieder in Frage stellen kann, denn nichts ist spannender als der Aufbruch zu neuen Ufern und – wie Dagobert Duck schon erkannte – nichts langweiliger als die Zeitung von gestern.

ANMERKUNGEN UND WISSENSWERTES

1* Weinkarte des *Oriental Hotels* in Kobe, 1885. Original im Rüdesheimer Weinmuseum.

DIE WEINKARTE DES ORIENTAL HOTELS IN KOBE/JAPAN AUS DEM JAHR 1885

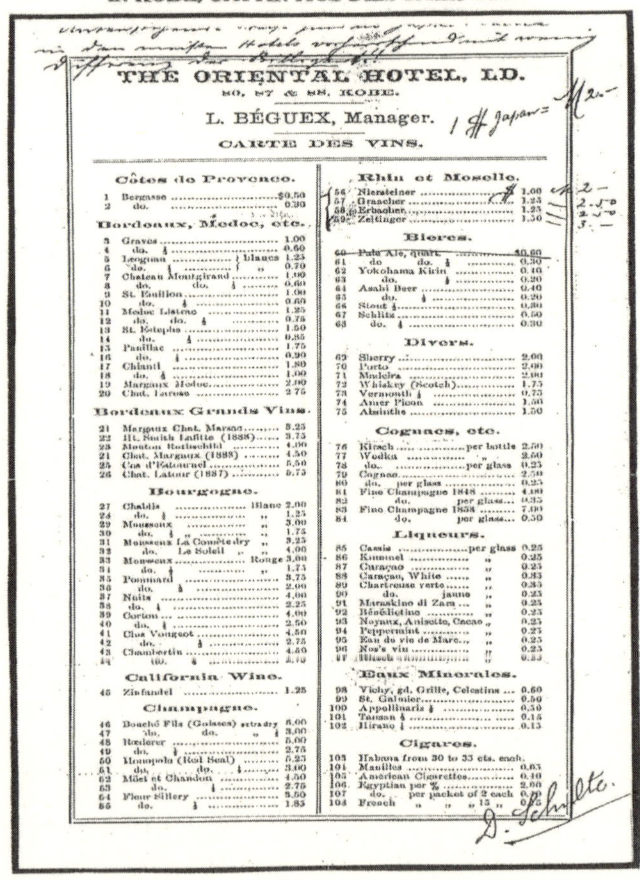

THE ORIENTAL HOTEL, LD.

80, 87 & 88, KOBE.

L. BÉGUEX, Manager.

CARTE DES VINS.

Côtes de Provence.

1 Bergasse $0.50
2 do. 0.30

Bordeaux, Medoc, etc.

3 Graves 1.00
4 do. ½ 0.60
5 Leognan .... } blancs 1.25
6 do. ½ .... } „ 0.70
7 Chateau Montgirand 1.00
8 do. do. ½ 0.60
9 St. Emilion 1.00
10 do. ½ 0.60
11 Medoc Listrac 1.25
12 do. do. ½ 0.75
13 St. Estephe 1.50
14 do. ½ 0.85
15 Pauillac 1.75
16 do. ½ 0.90
17 Chianti 1.80
18 do. ½ 1.00
19 Margaux Medoc 2.00
20 Chat. Larose 2.75

Bordeaux Grands Vins.

21 Margaux Chat. Marsac 3.25
22 Ht. Smith Lafitte (1888) 3.75
23 Mouton Rothschild 4.00
24 Chat. Margaux (1888) 4.50
25 Cos d'Estournel 5.50
26 Chat. Latour (1887) 5.75

Bourgogne.

27 Chablis .... Blanc 2.00
28 do. ½ .... „ 1.25
29 Mousseux .... „ 3.00
30 do. ½ „ .... „ 1.75
31 Mousseux La Comète dry „ 3.25
32 do. Le Soleil „ „ 4.00
33 Mousseux .... Rouge 3.00
34 do. ½ .... „ 1.75
35 Pommard 3.75
36 do. ½ 2.00
37 Nuits 4.00
38 do. ½ 2.25
39 Corton 4.00
40 do. ½ 2.50
41 Clos Vougeot 4.50
42 do. ½ 2.75
43 Chambertin 4.50
44 do. ½ .... [illegible]

California Wine.

45 Zinfandel 1.25

Champagne.

46 Bouché Fils (Goisses) extra dry 6.00
47 do. do. „ ½ 3.00
48 Rœderer 5.00
49 do. ½ 2.75
50 Monopole (Red Seal) 5.25
51 do. do. ½ 3.00
52 Möet et Chandon 4.50
53 do. ½ 2.75
54 Fleur Sillery 3.50
55 do. ½ 1.85

Rhin et Moselle.

56 Niersteiner 1.00
57 Graacher 1.25
58 Erbacher 1.25
59 Zeltinger 1.50

Bieres.

60 Pale Ale, quart $0.60
61 do do. ½ 0.30
62 Yokohama Kirin 0.40
63 do. ½ 0.20
64 Asahi Beer 0.40
65 do. ½ 0.20
66 Stout ½ 0.30
67 Schlitz 0.50
68 do. ½ 0.30

Divers.

69 Sherry 2.00
70 Porto 2.00
71 Madeira 2.00
72 Whiskey (Scotch) 1.75
73 Vermouth ½ 0.75
74 Amer Picon 1.50
75 Absinthe 1.50

Cognacs, etc.

76 Kirsch .... per bottle 2.50
77 Wodka .... „ 2.50
78 do. .... per glass 0.25
79 Cognac 2.50
80 do. per glass 0.25
81 Fine Champagne 1848 .... 4.00
82 do. per glass... 0.35
83 Fine Champagne 1858 .... 7.00
84 do. per glass... 0.50

Liqueurs.

85 Cassis .... per glass 0.25
86 Kummel .... „ 0.25
87 Curaçao .... „ 0.25
88 Curaçao, White .... „ 0.35
89 Chartreuse verte .... „ 0.35
90 do. jaune „ 0.25
91 Maraskino di Zara ... „ 0.25
92 Bénédictine .... „ 0.25
93 Noyaux, Anisette, Cacao „ 0.25
94 Peppermint .... „ 0.25
95 Eau de vie de Marc... „ 0.25
96 Nos's vin .... „ 0.25
97 [illegible] „ [illegible]

Eaux Minerales.

98 Vichy, gd. Grille, Celestins ... 0.60
99 St. Galmier 0.50
100 Appollinaris ½ 0.30
101 Tansan ½ 0.15
102 Hirano ½ 0.15

Cigares.

103 Habana from 30 to 33 cts. each.
104 Manilles 0.05
105 American Cigarettes 0.10
106 Egyptian per % 2.00
107 do. per packet of 2 each 0.[illegible]
108 French „ „ „ 15 „ 0.[illegible]5

D. Schulte.

Farbe:

Weißwein sollte hellgelb bis bernsteinfarben sein und auch im Alter noch kristallklar. Rotweine bewegen sich je nach Sorte zwischen einem hellen und einem tiefdunklen Blutrot. Sehr gereifte Rotweine können auch einen Pflaumenton aufweisen.

Extrakte:

Je extraktreicher ein Wein ist, desto sichtbarere Schlieren bildet er beim Schwenken im Glas. Oft werden Weine vom Winzer ertragsreduziert, damit sie mehr Gehalt entwickeln.

Geruch und Geschmack:

Der Wein sollte an Frühlingsblumen, Früchte oder frische grüne Felder erinnern. (Ausnahme sind die Bordeauxweine mit ihrem eigenen, unverwechselbaren Bukett). Ein guter Wein hat einen klaren, angenehmen Geschmack. Er weist keine Spur von Fehlaromen oder Bitterkeit auf, geschweige denn von Kork.

Qualitätsgruppen in Deutschland:

›Deutscher Landwein‹
›Deutscher Tafelwein‹
›Qualitätswein bestimmter Anbaugebiete‹ (QbA)
›Kabinett‹
›Spätlese‹
›Auslese‹

Diese Weine können *trocken*, *halbtrocken* oder *lieblich* ausgebaut werden.

Ist der Wein völlig durchgegoren, so ist er trocken; die Hefe wurde vollständig in Alkohol umgewandelt. Soll der Wein halbtrocken oder lieblich werden, filtert der Kellermeister vorzeitig die Hefen heraus und bringt dadurch die Gärung zum Abschluss. Der unvergorene Zucker liefert die *Restsüße*. Eine weitere erlaubte Möglichkeit, liebliche Weine zu erzeugen, bietet die »Süßreserve«: Traubenmost, der dem Wein zugesetzt wird. Dies sind die Gründe, weshalb lieblichere Weine wesentlich weniger Alkohol enthalten als trockene.

Weitere Qualitätsgruppen bilden die *edelsüßen Weine*. Zu ihnen zählen:

›Beerenauslese‹

›Trockenbeerenauslese‹

›Eiswein‹, der nur in gefrorenem Zustand (ab – 7 °) gelesen werden darf.

Die trockene Spitzenklasse der deutschen Weine wird mit den Begriffen *Selection* sowie *Erstes Gewächs* (Rheingau) bezeichnet. Diese Weine zeichnen sich durch Handlese und Ertragsreduzierung aus. Sie dürfen frühestens im September des folgenden Jahres verkauft werden.

Das in *Oechsle* gemessene *Mostgewicht* gibt die spezifische Dichte des Mostes an und liegt, je nach Anbaugebiet, zwischen mindesten 50° und 72°. Hohe Mostgewichte sagen deshalb bereits etwas über die Güte des zu erwartenden Weines aus. Die Mindestmostgewichte liegen bei Qualitätswein zwischen 51 und 72°.

Hochgewächs (Rieslinge, die bereits während der Lese ein Kontrollverfahren durchlaufen)	zwischen 60° und 70°
›Kabinett‹	zwischen 67° und 82°
›Spätlese‹	zwischen 76° und 90°
›Auslese‹	zwischen 83° und 100°
›Eiswein‹	zwischen 110° und 128°
›Trockenbeerenauslese‹	zwischen 150° und 154°

Qualitätskategorien anderer europäischer Weine:

Frankreich:

›AOC‹	Appellation d'Origine Controlée (Herkunftsbezeichnung genau abgegrenzter Gebiete)

Italien:

›DOC‹	Denominazione di Origine Controllata

›DOGC‹	… e Garantia (die hochwertigsten Weine)
›IGT‹	Indicazione Geografica Tipica (gebietsspezifische Weinsorten)
›Riserva‹	Weine mit mindestens 2–4 Jahren Fass- bez. Flaschenlagerung

Spanien:

›DO‹	Denominación de Origen
›Tinto‹	Einfacher junger Rotwein
›Crianza‹	Anspruchsvollerer, etwas älterer Rotwein
›Réserva‹	Mindestens 36 Monate Fasslagerung vor Auslieferung. Davon 12 Monate im Eichenfass
›Gran Réserva‹	Mindestens 24 Monate Lagerung im Eichenfass, danach 36 Monate auf der Flasche

3* Etikette

Erst gegen Ende des 20. Jahrhunderts wurde vom Arbeitskreis des *Allgemeinen Deutschen Tanzlehrerverbandes* laut *Gourmet-Handbuch* abgesegnet, dass es nicht gegen die Etikette verstößt, wenn:

- Damen in männlicher Begleitung in einem Restaurant ihre Bestellung selbst aufgeben
- Damen den Wein probieren
- Damen einem Herrn zutrinken (mit der Ausnahme von älteren Herren, denen alleine dieses Recht zusteht)
- Frühstückseier in der Öffentlichkeit geköpft werden mit dem Messer Kartoffeln, Gemüse und Klöße zerteilt werden
- Spargel nicht mehr lang in den Mund geschoben, sondern auf dem Teller zerschnitten wird

- beim Krebsessen die Serviette umgebunden oder in den Kragen gesteckt wird
- Zahnstocher Verwendung finden
  Vgl. Udo Pini: Das Gourmet Handbuch, Potsdam: Ullmann 2005, S. 285.

Heutzutage ist es selbst Damen erlaubt, einen Toast auszusprechen – vor nicht allzu langer Zeit eine absolute Männerdomäne. Der verbale Toast entstammt übrigens »einer englischen Sitte in Trinkrunden seit dem 18. Jahrhundert. Nach dem Trinkspruch wurde einst ein Glas heißen Würzweins herumgereicht, mit einem gerösteten Stück Brot bedeckt. Das Glas wurde von Gast zu Gast gereicht, jeder nippte und machte eine artige Bemerkung, die Scheibe aber bekam der Ehrengast. So wurde der Toast erst zur Rühmung einer Sache, auf die angestoßen wurde, wobei britische Navyoffiziere das Privileg besaßen, selbst beim Toast auf den König sitzenzubleiben, weil sie sich sonst an den niedrigen Schiffsdecken gestoßen hätten.« (Das Gourmet Handbuch, Seite 943.)

4* Anthony Bourdain, Geständnisse eines Küchenchefs, München: Blessing 2001, Seite 259, 262.
5* Ebd., Seite 48.
6* Ebd., Seite 56 f.
7* A. Escoffier's Kochkunst-Führer, Nordhausen: Killinger 1923, Seite 1.
8* Jean-Anthèlme Brillat-Savarin, Physiologie des Geschmacks, Frankfurt/Main: Insel 1979 (Nachdruck der 5. Auflage 1888), Seite 36.
9* Bertha Heyden's Kochbuch, Reutlingen: Enßlin und Laiblin 1880, Seite 107.
10* Ebd., Seite 40.
11* Brillat-Savarin, Physiologie des Geschmacks, Seite 52.
12* Ebd., Seite 46 f.
13* Vgl. Henriette Davidis illustriertes Kochbuch für die bürgerliche und feine Küche, Schreibersche Verlagsbuchhandlung 1848, Seite 329.
14* Anthony Bourdain, Seite 218.
15* Garpunkt bei Steaks

Da es hier immer wieder zu Missverständnissen kommt, ist die exakte Benennung der gewünschten Garstufe sehr hilfreich. Man unterscheidet laut *Gourmet Handbuch*:

- blau, sehr blutig
  (engl. *blue, very rare,* franz. *bleu*):
  innen roh, gerade angebraten, Fleischsaft dunkelrot
- blutig, sehr englisch
  (engl. *rare*, franz. *saignant*):
  blutigrot, innen rosa, Saft rötlich
- englisch, rosa
  (engl. *medium rare,* franz. *à point, demi-anglais)*:
  in der Mitte blutig, Saft rosa
- halb, mitteldurch
  (engl. *medium,* franz. *à point, anglais)*:
  Fleisch rosa, Saft hell bis klar
- ganz durch, durch
  (engl. *well done,* franz. *bien cuit)*:
  Fleisch rosa bis grau, kein Saft
  (Vgl. Gourmet Handbuch, Seite 317.)

DANKSAGUNG

Ich danke meinem Mann Eckhardt
für die Unterstützung und die vielen Impulse,
die er mir durch seine akribische Arbeit und sein fundiertes Wissen gab.

BIOGRAFIE

ASTRID KEIM

Astrid Keim wurde 1947 geboren und ist in Wiesbaden aufgewachsen. Sie studierte in Frankfurt Biologie und Kunst für das Lehramt. Nach über 20 Jahren Schuldienst wechselte sie 1993 durch ihre Heirat in die Gastronomie. 1999 übernahm ihr Mann Eckhardt Keim als Inhaber und Küchenchef das Restaurant *Estragon*, seitdem ist sie dort für den Service zuständig. Sie war freie Mitarbeiterin für die *Frankfurter Neue Presse* im Ressort Gastronomie und Gastrokritik. 2010 veröffentlichte sie mit »Chicago Kid in Frankfurt« die wahre Geschichte eines Gangsters aus dem Frankfurt der 50er-Jahre (Societätsverlag).